EDUCAR COM RESPEITO

Mariana Lacerda, PhD

EDUCAR COM RESPEITO

Como o afeto pode mudar o mundo

Benvirá

- A autora e a editora se empenharam para citar adequadamente e dar o devido crédito a todos os detentores de direitos autorais de qualquer material utilizado neste livro, dispondo-se a possíveis acertos posteriores caso, inadvertida e involuntariamente, a identificação de algum deles tenha sido omitida.

- Direitos exclusivos para a língua portuguesa
  Copyright ©2024 by
  Benvirá, um selo da SRV Editora Ltda.
  Uma editora integrante do GEN | Grupo Editorial Nacional
  Travessa do Ouvidor, 11
  Rio de Janeiro – RJ – 20040-040

- **Atendimento ao cliente: https://www.editoradodireito.com.br/contato**

- Reservados todos os direitos. É proibida a duplicação ou reprodução deste volume, no todo ou em parte, em quaisquer formas ou por quaisquer meios (eletrônico, mecânico, gravação, fotocópia, distribuição pela Internet ou outros), sem permissão, por escrito, da **SRV Editora Ltda**.

- Capa: Tiago Fabiano Dela Rosa
  Diagramação: Adriana Aguiar

- **DADOS INTERNACIONAIS DE CATALOGAÇÃO NA PUBLICAÇÃO (CIP)**
  ODILIO HILARIO MOREIRA JUNIOR – CRB-8/9949

L131e   Lacerda, Mariana
Educar com respeito: como o afeto pode mudar o mundo / Mariana Lacerda. – São Paulo: Benvirá, 2024.

192 p.
ISBN: 978-65-5810-429-2 (Impresso)

1. Educação positiva. 2. Parentalidade consciente. 3. Relacionamento. 4. Bem-estar infantil. I. Título.

                     CDD 649.1
2024-2260   CDU 649.1

Índices para catálogo sistemático:
1. Educação de crianças   649.1
2. Educação de crianças   649.1

Respeite o direito autoral

Para os meus preciosos meninos, Matias e Tomás, obrigada por revolucionarem a minha vida! Ser a mãe de vocês é a transformação mais generosa que a vida me proporcionou.

Sumário

Prefácio..IX

Agradecimentos...XIII

Introdução... XV

Capítulo 1 | Entendendo o impacto da violência nas nossas vidas e as violências que cometemos com as crianças.. 1

Capítulo 2 | Por que é tão difícil quebrar o ciclo de violência no relacionamento com as crianças.............. 19

Capítulo 3 | Mudando a nossa visão sobre as crianças e encontrando um caminho do meio na educação..... 41

Capítulo 4 | Entendendo os comportamentos das crianças e as nossas reações diante deles.................... 55

Capítulo 5 | Princípios que fazem toda a diferença na educação com respeito... 77

Capítulo 6 | Crianças não precisam de pais perfeitos, precisam de pais emocionalmente honestos........ 117

Capítulo 7 | O que a ciência nos mostra sobre o presente e sobre o futuro de crianças educadas com respeito 129

Referências bibliográficas.................................. 141

Prefácio

Acredito em um mundo onde o afeto é mais eficiente que a truculência, onde relações que se ancoram em verdade e cuidado podem nos levar a novos lugares, dentro e fora da gente, e escrever este prefácio é a prova disso. Mariana Lacerda era o nome que o Google recomendava quando comecei a pesquisar sobre relações respeitosas, criação de filhos e disciplina positiva, em 2017. Eu me encantei com a forma como aquela moça falava sobre educação e, em poucos dias, vi todos os vídeos disponíveis em seu site. Eu queria aprender com ela. Na verdade, eu queria ser ela, ter aquele tipo de trabalho, saber aquelas coisas, porque tudo o que ela me dizia fazia sentido. Ou melhor, fazia sentir. Iniciei a minha jornada profissional observando Mari. Ela foi e segue sendo uma excelente professora.

Educar com respeito: como o afeto pode mudar o mundo não poderia ter sido escrito por outra pessoa, porque a palavra, para ter significado e nos atravessar, precisa ser de verdade. E o bonito é entender como ser essa fonte de amor para ela e para o mundo faz de Mariana uma mulher forte e não o contrário. O livro vem nos mostrar justamente isso: por que devemos acreditar que o afeto é, sim, um instrumento de transformação e como colocá-lo em prática nas famílias, que são a célula primordial da nossa sociedade.

Ao longo das páginas, Mari nos conduz, de forma firme e gentil, por estudos e vivências práticas que nos convidam a revisitar nossas crenças e olhar com gentileza para as crianças. Já sabemos como é difícil quebrar ciclos de violências, mas será que identificamos a transmissão de dores e traumas geracionais para nossos filhos? Será que entendemos como a nossa forma de olhar as crianças carrega um peso para a relação com elas? É possível se desfazer da reverência ao passado, estabelecendo novas formas de relação com quem vem depois; para isso, no entanto, é necessário dar passos em direção ao novo e encarar o desconforto.

Acontece que Mariana Lacerda faz dessa jornada algo possível e até prazeroso. Mari é cuidadosa com o que diz e constrói parágrafos como quem conversa de forma profunda, atenta e amável. Afinal, é disso que precisamos. Eu sei, eu sei: o mundo parece estar ao contrário e o chamado é sempre bélico e violento. Sei também que a força bruta e a pouca atenção ao que uma criança sente parecem ser o caminho mais rápido de resolver as situações. Contudo, o uso de uma ética amorosa em nossas vidas nos leva a relações profundas e a conexões que nos preparam para qualquer adversidade.

Ser amado e ser capaz de amar é uma habilidade revolucionária, aprendida na infância ou na vida adulta, após uma decisão radical de não deixar de acreditar na nossa humanidade. Este livro é muito importante para que a gente não se perca no caminho.

Lua Barros

Agradecimentos

Aos meus meninos, Matias e Tomás, por transformarem diariamente o meu mundo com a presença amorosa de vocês, por me olharem com seus olhinhos brilhantes e sorrirem quando contei que a mamãe estava escrevendo um livro. A doçura de vocês me deu forças para seguir firme no caminho e acreditar que seria possível.

Ao meu querido companheiro, João, por todo o apoio e pelas mãos dadas incansavelmente durante todo o processo de escrita e criação deste livro. Obrigada por ser fonte constante de encorajamento, ajudando-me a superar cada um dos desafios que surgiram para que eu pudesse realizar este sonho. Sou grata por juntos acordarmos todos os dias escolhendo e buscando educar nossos filhos com respeito. O caminho não é fácil, mas é bem mais leve ao seu lado.

Aos meus pais, um enorme agradecimento por terem sido os primeiros a me apresentar o universo dos livros, me dando a chance de sempre tê-los ao redor, me dando espaço para que eu sonhasse em um dia ter minhas próprias palavras impressas. Obrigada por acreditarem no meu trabalho e por se abrirem com amor para a educação com respeito através dele.

À Gabi e a toda a equipe da editora Benvirá, que se dedicaram para que este livro existisse, meu agradecimento sincero por abraçarem o meu sonho com tanta generosidade. Não poderia ter escolhido uma parceria melhor para essa jornada.

A você que me lê, confiando no meu trabalho e no conhecimento que compartilho, meu muito obrigado. Agradeço a cada um que se junta a mim nesta caminhada pela educação com respeito, pela persistência, força e determinação em mudar a maneira como o mundo enxerga e lida com as crianças.

Às famílias que com seus depoimentos e relatos enriqueceram minhas experiências e meu conhecimento, contribuindo para cada linha deste livro, meu profundo agradecimento. E às crianças, por serem tão generosas e serem as primeiras a nos ensinar sobre afeto, amor e respeito.

Introdução

Se este livro chegou até você é porque, em algum momento, o seu coração ouviu o chamado para a revolução que estamos vivendo. A revolução do afeto. Este livro é para quem reconhece dentro de si que não faz sentido desrespeitar uma criança e exigir ou esperar respeito de volta. É para quem sente esse incômodo, mas não sabe como se livrar de crenças que dão um *start* na violência dentro de nós contra as próprias crianças. É para quem acredita que é preciso mudar a história – o começo, o meio e o fim. É para quem quer apoio para enxergar (ou para encontrar) novos caminhos.

Em alguma medida, todos nós somos convidados a nos relacionar de forma respeitosa com as crianças. As crianças nos pedem socorro! Elas nos olham com o desejo de se sentirem aceitas, amadas e importantes. Muitos adultos não conseguem ver esses pedidos porque estão adoecidos pelas feridas de suas próprias infâncias. Muitos acreditam que o fato de terem sido violentados, desrespeitados, agredidos foi o que os tornou fortes. Não é incomum ouvirmos adultos afirmarem: "Eu apanhei e sobrevivi!".

Sem conseguir ver que doeu não ser respeitado, esses mesmos adultos valorizam dizer que sobreviveram. Ora, sobreviver não pode ser o suficiente. Nascemos para a dignidade, para o amor. Sobreviver não deveria ser um troféu. No entanto, esse é um reconhecimento desafiador para aqueles que foram abandonados emocionalmente e cresceram acreditando que merecem pouco. Por isso, como adultos desejosos de criar seres humanos dignos de viver e não de apenas sobreviver, precisamos estar tão atentos a nós mesmos. Atentos à nossa infância, às marcas do nosso passado, às nossas crenças sobre nós mesmos e sobre as crianças.

Educar crianças é um exercício diário de autoconhecimento e autoeducação. Esse relacionamento vai, inevitavelmente, nos fazer olhar para questões internas que talvez tenhamos deixado de lado ao longo de nossas vidas. Cada um de nós tem seu tempo de tomada de consciência, de despertar. Costumo dizer que educar com afeto e respeito é uma decisão diária. Não que não tenhamos afeto pelos nossos filhos naturalmente. Mas, se não levantarmos todos os dias dispostos a deixar que esse afeto seja o nosso guia na nossa relação com as crianças, seremos distraídos desse sentimento benéfico e atraídos pelo desrespeito.

Educar com respeito é um exercício para quem está disposto a amadurecer com os desafios que a criança apresenta. A questão não é eliminar dificuldades, nem ter em casa crianças sempre obedientes e que cumprem com todas as nossas expectativas. Não se trata de ter filhos perfeitos e sermos pais e adultos perfeitos. Trata-se de exercitar a evolução. Evoluir a cada dia, olhando e lidando com as situações de uma maneira diferente, mais amorosa, mais equilibrada, mais leve, mais consciente.

Muitos de nós não foram educados com respeito. Ao longo de gerações, a violência contra a criança, em suas diversas formas e intensidades, foi valorizada, normalizada e ensinada como "o certo a se fazer". Familiares e amigos, educadores e professores, profissionais de saúde e das áreas humanas ensinaram às famílias como agir com as crianças, como colocar limites, como controlar, como lidar com conflitos, como lidar com birras. Tudo isso de forma desrespeitosa, ignorando as necessidades físicas, sensoriais e emocionais das crianças, desconsiderando processos de maturação, saberes sobre comportamento e desenvolvimento infantil e, principalmente, desatendendo o pedido de afeto e de respeito que as crianças desde sempre fazem aos adultos.

Por todas essas razões, este livro existe. E é aqui, nesta leitura, que você vai compreender os efeitos da violência e do desrespeito na vida da criança – na infância. Desejo que este livro ajude você a perceber com clareza que os efeitos da violência e do desrespeito na vida da criança não afetam somente a vida dela agora, mas como, na vida adulta, as marcas de uma infância violentada e desrespeitada são capazes de influenciar as nossas relações interpessoais, a nossa saúde mental, o nosso bem-estar emocional e até mesmo a nossa capacidade de contribuir positivamente para a sociedade.

Vou apresentar conceitos fundamentais da educação com respeito, do desenvolvimento e comportamento infantil, da educação com respeito e das relações intra e interpessoais. Você encontrará aqui uma base sólida para compreender os princípios que nortearão as suas práticas e o seu relacionamento com as crianças a partir da leitura deste livro. Apresentarei também reflexões que irão incentivar você a refletir sobre suas próprias práticas de cuidado e comunicação com as crianças e sua dinâmica de relacionamento com elas. Mais do que isso, vou mostrar o que a ciência já comprovou sobre crianças educadas com afeto e respeito, sobre o relacionamento que elas criam consigo mesmas, com os outros e com o mundo.

Você encontrará, ainda, algumas perguntas provocativas e exercícios de autoconhecimento ao longo do livro. Tais reflexões foram projetadas para ajudar a examinar suas crenças, seus valores e seus padrões de comportamento em relação à parentalidade e à educação. Faça bom proveito delas!

Ao escrever este livro, também tive a preocupação de que você encontrasse aqui uma variedade de recursos práticos e acessíveis para o seu dia a dia com as crianças. Desejo que você use esses recursos de forma respeitosa e amorosa, promovendo uma conexão mais profunda entre você e a criança. Lembre-se de que nenhuma prática educacional com as crianças será efetiva e afetiva se não partir primeiro da nossa mudança de olhar, da nossa mudança de expectativas e da compreensão do nosso papel de adultos na vida de uma criança.

Para já aquecer o seu coração sobre isso, trago alguns exemplos do que a ciência evidenciou nos últimos dez anos em relação à educação com respeito e alguns aspectos importantes da vida das crianças e dos adolescentes:

- A parentalidade com afeto e com respeito está positivamente associada ao desenvolvimento emocional e social das crianças, promovendo habilidades de regulação emocional e empatia (Wang e Sheikh-Khalil, 2014; Cprek et al., 2015; Duong e Bradshaw, 2017; Yamaoka e Bard, 2019; Martínez, et al., 2020; Li et al., 2021; Cucinella et al., 2022).
- O suporte emocional dos pais para com os filhos tem relações significativas com a autoestima das crianças, destacando-se a importância do

ambiente familiar na formação da autoconfiança (Krauss et al., 2020; Peng et al., 2021).

- A parentalidade positiva impacta positivamente a construção da resiliência infantil, ajudando as crianças a enfrentar melhor os desafios e as adversidades ao longo da vida (Nair et al., 2020; Galano et al., 2022).
- O suporte emocional dos pais nas questões escolares impacta positivamente o desenvolvimento e o desempenho acadêmico das crianças, destacando a importância do suporte familiar equilibrado no sucesso escolar (Jang e Suh, 2021).

Embora tenhamos acesso a esses e a muitos outros estudos, teorias e experiências reais que não deixam dúvidas de que educar uma criança com afeto é não só o melhor caminho, mas o caminho que todo ser humano merece, eu sei que uma dúvida muito comum de quem está iniciando o processo de se relacionar com a criança com afeto e respeito se refere ao modo como essa criança vai lidar com "o mundo lá fora". Como ela vai enfrentar os desafios e as possíveis violências e desrespeitos com que o mundo pode tratá-la, recebê-la? Há quem diga que as crianças educadas com respeito vão nos dominar. Que essa geração vai crescer cheia de "mimimi" e que nós, pais da atualidade, não colocamos limites nos nossos filhos.

Será que os adultos que fazem esse tipo de afirmação já pararam para se perguntar o que é educar com respeito e afeto? O que é estabelecer limites em uma relação que tem como bases norteadoras o respeito e o amor? E como é possível fazer com que a criança entenda o que é certo e errado sem o uso da violência – verbal ou física?

Posso dizer, com toda a certeza do meu coração e com todo o conhecimento que construí até aqui sobre as crianças e sobre a educação com base no respeito e no afeto: ao contrário do que imaginam os adultos *que sobreviveram à violência e, por isso, a validam*, essas crianças serão livres, autônomas, responsáveis e seguras. Serão adultos que respeitam porque são respeitados. Saberão lidar com os limites porque aprenderam a lidar com eles de forma gentil e firme.

Neste livro, vou esclarecer que as crianças não precisam se adaptar à violência e ao desrespeito. Em outras palavras, você entenderá que o nosso objetivo como adultos jamais deverá ser criar crianças que vão se adaptar ao mundo como ele está, mas sim transformá-lo, sendo a representação da mudança que tanto buscamos. Afinal de contas, se o mundo estivesse tão incrível e maravilhoso, não estaríamos vendo tantas desordens, tanto caos, tanta violência, tanto desamor, não é mesmo?

Imagine adultos que, quando crianças, tiveram seus comportamentos corrigidos por meio de castigos físicos ou palavras que humilham, ou que, quando crianças, tiveram seus sentimentos ignorados, desvalorizados ou minimizados pelos cuidadores principais. Hoje sabemos que esses adultos lidam com os impactos dessas experiências negativas nos seus relacionamentos pessoais e profissionais, tendendo a reproduzir os mesmos padrões de distanciamento emocional e de violência aos quais foram submetidos na infância. Quando crianças, muitas dessas pessoas aprenderam que a violência é uma forma aceitável de resolver conflitos e que suas emoções não são importantes ou dignas de serem ouvidas, o que contribui diretamente para a manutenção dos ciclos de violência e desrespeito nas suas próprias vidas e nas vidas de quem os cerca. É notório que as situações de conflito não resolvidas de forma saudável dentro de uma família podem criar um ambiente de tensão e hostilidade, afetando, consequentemente, o bem-estar emocional de todos de forma negativa.

Por outro lado, aqueles adultos que, quando crianças, foram educados com respeito e afeto naturalmente tiveram melhores condições de desenvolver habilidades socioemocionais, que são extremamente importantes para viabilizar a comunicação aberta e a resolução de conflitos de forma construtiva. Você consegue se lembrar de quantas pessoas você conhece que hoje, na vida adulta, têm dificuldade de expressar as emoções de maneira saudável? Quantos desses adultos, durante a infância, realmente foram validados e acolhidos nas suas emoções? Quantos hoje não estão enfrentando dificuldades nos relacionamentos interpessoais em razão da falta de habilidades de comunicação emocional que deveriam ter aprendido na infância?

A desordem, o caos, o desamor que vemos diante dos nossos olhos no mundo atual podem ser vistos também pela infelizmente comum e excessiva pressão por resultados acadêmicos extraordinários. Essa pressão costuma ser imputada aos filhos principalmente pelos próprios pais e acaba por gerar consequências em muitas crianças e adolescentes, desde sintomas graves de ansiedade e depressão até isolamento social, distúrbios alimentares, entre outros.

É claro que crianças educadas com afeto e respeito viverão situações desafiadoras da vida cotidiana e podem, por inúmeros motivos, trazer grandes desafios aos pais e professores. Ser educado com respeito e afeto não as torna crianças perfeitas e, como pais, não deveríamos mesmo esperar que se comportassem como tal. É preciso lembrar e ajustar bem nossas expectativas, sabendo que educar com afeto não é, de forma alguma, uma moeda de troca para termos filhos perfeitos, idealizados e sempre saudáveis em todos os aspectos de suas vidas.

Nosso sonho ao optar por esse caminho deve ser criar crianças que reconhecerão em si mesmas e no outro o respeito, crianças que saberão não aceitar menos que dignidade e afeto em seus relacionamentos, crianças que serão agentes de transformação do mundo. Sim! São elas que têm o maior potencial de mudar o mundo, pois são gigantes, são visionárias, são criativas, são sinceras, são abertas às mudanças. E o melhor é que os benefícios não se restringem à geração das crianças que estão crescendo agora: a próxima geração e a seguinte (filhos e netos das crianças de hoje) também serão plenamente capazes de modificar o mundo.

Espero que minhas palavras possam transformar o relacionamento de adultos e crianças em relacionamentos duradouros, profundos, honestos, protetores, respeitosos e amorosos, capazes de mudar e revolucionar o mundo. Conto com você para, juntos, espalharmos a mensagem de amor e conexão que eu trago para as crianças. Elas ganham com isso, mas nós ganhamos muito mais – pode ter certeza disso.

Como vim parar aqui

Sou mineira de Belo Horizonte e já faz muito tempo que convivo e observo crianças. Sou doutora em Saúde da Criança e do Adolescente, mestre em Ciências da

Reabilitação com foco no desenvolvimento infantil e terapeuta ocupacional. Há quase 20 anos, dei aulas de inglês para crianças; depois, como estudante de terapia ocupacional, durante estágios e projetos na universidade, meu foco de atuação foram as crianças. Graduei-me em Terapia Ocupacional em 2010, na Universidade Federal de Minas Gerais, mas me mudei para Florianópolis logo após a formatura e por lá comecei a atender crianças neuroatípicas em uma clínica de atendimento multidisciplinar. Posteriormente, em 2011, fui trabalhar em um centro de atividades psicomotoras para crianças neuroatípicas e neurotípicas e suas famílias no Rio de Janeiro, e ali compreendi ainda mais como as famílias tinham dúvidas sobre o desenvolvimento e o comportamento das crianças.

Em 2013, voltei para Belo Horizonte e entrei para o mestrado na UFMG. Enquanto pesquisava sobre prematuridade, desenvolvimento infantil e família, eu também atuava em dois hospitais da cidade, auxiliando na avaliação do desenvolvimento de crianças nascidas prematuramente. Ao final de cada avaliação, eu era responsável por comunicar às famílias o que havia observado e qual era o resultado dos testes de avaliação do desenvolvimento infantil. Foi aí que eu entendi o quanto tantas informações sobre as crianças, por eu estar inserida num contexto mais acadêmico há tanto tempo, eram óbvias para mim, mas não eram claras nem faziam sentido para as famílias. Pude ajudar inúmeras famílias a entender o que esperar ou não em termos de habilidades e comportamentos em cada estágio do desenvolvimento infantil, ao conhecerem os marcos de desenvolvimento físico, cognitivo, social e emocional das crianças em diferentes idades, ajustando suas expectativas e reconhecendo os potenciais de suas crianças.

Lembro-me de uma família que orientei quando a filha mais velha tinha 2 anos de idade. Estavam conhecendo uma nova criança, diferente daquela bebê que aceitava tudo e respondia aos comandos dos adultos como eles esperavam. Agora, no início da descoberta e do desenvolvimento da sua individualidade, expressava vontades e desejos intensamente e tinha explosões emocionais quando esses desejos não eram atendidos. Reações muito esperadas para uma criança que ainda não tem maturidade emocional para lidar com a espera, com o não, com a frustração. Compreender por que aquelas reações aconteciam e aprender a lidar com a criança de maneira gentil e afetuosa, trazendo limites saudáveis quando necessário, fez muita diferença para aqueles pais. Em vez de ver a filha como uma pequena tirana, passaram a vê-la como um ser humano que está aprendendo, se desenvolvendo e precisa de apoio emocional seguro para que esse desenvolvimento aconteça.

Em 2016, entrei para o doutorado decidida a pesquisar sobre o funcionamento familiar, o suporte social e o desenvolvimento infantil. No entanto, ao longo do percurso, modifiquei meu projeto de tese e mergulhei no tema das experiências adversas na infância – como abuso físico, abuso emocional, abuso sexual, negligência física, negligência emocional, exposição a violência doméstica, morte dos pais e divórcio, além de problemas de saúde mental dos pais, abuso de substâncias por parte dos pais, dificuldades econômicas, violência entre pares, violência comunitária e coletiva (Bellis et al., 2019) e seus impactos no desenvolvimento e comportamento infantil na primeira infância.

Em 2017, decidi começar a compartilhar meus conhecimentos sobre a infância nas redes sociais. No mesmo ano, fiz minha certificação em disciplina positiva pela Positive Discipline Association.[1]

Em 2019, Matias, meu primeiro filho, chegou na minha vida. Ele abriu as portas da nossa família e me ensina diariamente a enxergar a vida pelos olhos de uma criança amorosa e curiosa. Em julho de 2022, nasceu

---

1. Positive Discipline Association (PDA) é um programa baseado no trabalho de Alfred Adler e Rudolf Dreikurs que tem como objetivo encorajar crianças e adolescentes, casais e colaboradores das empresas a tornarem-se responsáveis, respeitosos, resilientes e com recursos para solucionarem problemas por toda a vida. Você pode encontrar mais informações em: https://pdabrasil.org.br/.

meu segundo filho, Tomás. Com ele, mais uma vez minha vida foi transformada de forma intensa. Com o Tomás, aprendo a acolher ainda mais a minha imperfeição e ser mais leve diante das minhas falhas. Ele me ensina a enxergar a vida pelos olhos de uma criança alegre e cheia de energia. Com os meus filhos, aprendo a dar risadas e me divertir no caos, abraçar as mudanças e as experiências que eles me trazem.

Muitas pessoas me perguntam como é a experiência de ensinar e compartilhar sobre educar com respeito depois que me tornei mãe, já que atuo nessa área desde muito antes da minha maternidade. A minha resposta é sempre a mesma: ao me tornar mãe, passei a ter a oportunidade diária não só de observar uma criança – como quando avaliava o desenvolvimento infantil –, mas também de fazer parte do cenário de observação. Por exemplo, quando me vejo num desafio com um dos meus filhos, faço um exercício: fecho os olhos, saio da cena, entro pela porta e penso – se eu estivesse entrando na casa dessa família, o que eu iria observar? Às vezes, observo em mim mesma uma mãe sobrecarregada, desregulada emocionalmente por não dormir bem à noite, preocupada com questões pessoais e profissionais, sem conseguir cuidar de suas emoções e, de repente, tendo de cuidar das emoções dos filhos. Em outros momentos, observo as crianças buscando atenção exclusiva, mas, sem conseguir colocar essa necessidade em palavras, fazendo esse pedido por meio de comportamentos desafiadores. Por vezes, vejo também um irmão mais velho cansado de ter suas invenções derrubadas pelo irmão mais novo, e este pedindo para ter a mesma liberdade que o irmão mais velho tem na cozinha. Foi assim que consegui entender muitos dos processos nos quais identifico que preciso melhorar minha postura, ajustar meu comportamento como mãe, como educadora. Mais do que isso, entendi que, ao observar uma criança – ou mais de uma –, acabamos vendo muito mais do que apenas as crianças e seus comportamentos. Vemos as nossas questões, os nossos desafios, os nossos medos, as nossas inseguranças. Vemos os sinais e as necessidades que as crianças estão tentando nos comunicar.

Observamos também o quanto as crianças reproduzem nossos exemplos. Vemos nelas nosso reflexo. Quando enxergamos esse reflexo, não se trata de culpa. A questão é identificar que parte de determinada cena desafiadora é responsabilidade nossa. Quando observo que meu filho está irritado após a soneca da tarde, me pergunto, sem mergulhar na culpa, que parte disso é minha responsabilidade? Eu preciso ajustar o horário? Preciso antecipar uma refeição? Preciso diminuir o ritmo? Preciso diminuir a expectativa? O que eu posso fazer por ele? Esse exercício nos cabe. Para conseguir realizá-lo, basta que estejamos dispostos a observar a situação como um todo, incluindo-nos como parte do problema e da solução, não apenas reagindo com as crianças como se tudo fosse responsabilidade delas.

Nesse processo, reconheço em mim a minha humanidade e tenho orgulho dela. Por isso, não tenho pretensão alguma de ser uma mãe perfeita e de sempre saber como agir ou como lidar com meus filhos. É claro que, em alguns momentos, sinto minhas emoções se conectarem com raiva e falta de paciência, como qualquer outra pessoa. E, com sinceridade, isso é totalmente normal e esperado. Educar com respeito não significa ter todas as respostas, sempre saber lidar com as próprias emoções e ser um adulto perfeito para a criança. Não! Acessamos muitas coisas da nossa infância nessa jornada, "ouvimos" vozes da nossa infância, as quais nem sabíamos que tínhamos ouvido, ficamos perdidos nas nossas emoções e, com frequência, não sabemos como lidar com muitas situações. E um spoiler: vamos errar com nossos filhos muitas vezes.

Posso dizer que a cada dia aprendo mais a educar com respeito. Desejo mais e aprendo mais sobre mim mesma e sobre meus filhos. Sinto-me desejosa de estar de mãos dadas com meus filhos, de me conectar com eles, de ser suporte emocional para eles, de ser porto seguro. Estar de mãos dadas com o Matias e com o Tomás me ajuda a acolher minhas emoções, a cuidar do meu autoconhecimento, a me autoeducar e me auto-observar. Acredito fielmente na educação com respeito e posso dizer que, para além de ser o meu trabalho, é minha escolha diária como mãe. Mas entenda: escolha não quer dizer que eu consigo agir com respeito o tempo todo, mas sim que todos os dias acordo e me proponho a buscar esse caminho por mais um dia, mais uma vez.

Com certeza, meu trabalho, minha caminhada profissional e meus estudos na área da infância ampliaram muito meu repertório e minha compreensão sobre as crianças, e isso, de fato, me ajuda muito no dia a dia com os meus filhos. No entanto, isso pode ser construído por qualquer pessoa que tenha um verdadeiro interesse em construir relações mais saudáveis e esteja disposta a se colocar no papel de observador em relação às crianças. É o que desejo que meu trabalho ofereça às famílias, profissionais e educadores: apoio e repertório para quem deseja fazer diferente. Para quem está disposto a se olhar profundamente e entender suas emoções e suas ações e reações.

O foco com o meu trabalho e, claro, com este livro é levar um conteúdo claro e de qualidade para quem está disposto a colocar a criança que está ao seu lado no centro da sua vida; para quem não quer se achar superior, mais importante ou dono da criança. Quem está disposto a encarar a dor de não ter sido educado com respeito e cuidar dessa dor. Não me proponho a entregar respostas prontas ou uma "receita de bolo" para educar as crianças, porque não acredito que educar e se relacionar com crianças seja uma fórmula, um caminho exato e linear.

Meu coração bate acelerado quando alguém me escreve ou me encontra na rua e fala que o meu trabalho mudou a sua vida. Mudou o relacionamento com os filhos, com o companheiro e até com os colegas de trabalho. E, mais do que isso, que aprendeu outra forma de ver os comportamentos, que não é pessoal e que, mesmo tendo dias que são mais difíceis, segue no caminho e vem obtendo bons resultados. Vocês não sabem como eu fico feliz ao ouvir coisas desse tipo! Quando sonhei com o meu trabalho, só queria que as pessoas entendessem melhor a criança e, com isso, pudessem se relacionar de forma mais amorosa com ela. A verdade é que eu sonhei pequeno! Quando os adultos entendem as crianças, eles se entendem! Entendem suas crianças interiores, se acolhem, entendem seus pais e as outras pessoas. Quando isso acontece, os adultos mudam sua perspectiva de mundo. A partir daí, o respeito, a conexão e o afeto profundo são consequências.

Portanto, não posso deixar de agradecer a você que confia no meu trabalho! Muito obrigada por estar aqui!

Como o livro foi construído?

Ao me preparar para a escrita deste livro, busquei identificar as principais necessidades e preocupações dos pais, educadores e profissionais de saúde e da infância. Para definir os temas que você vai ler aqui, perguntei aos seguidores das minhas redes sociais, considerei minha experiência profissional como terapeuta ocupacional e educadora parental, bem como os insights da minha própria jornada pessoal como mãe. Como pesquisadora apaixonada, me debrucei sobre os artigos e estudos científicos mais atuais da literatura acadêmica e científica relacionada a educação com respeito, parentalidade e os aspectos de desenvolvimento e comportamento que você encontrará aqui. Quis dar o meu melhor para que você, seja pai, mãe, educador, profissional de saúde ou apenas uma pessoa interessada na infância, encontrasse informações preciosas, com embasamento teórico, científico e prático, de forma acessível e compreensiva. Espero ter conseguido traduzir conceitos teóricos complexos em orientações claras e aplicáveis para o dia a dia.

Em cada capítulo, deixei também dois presentes para você: 1) depoimentos escritos por pessoas reais, assim como eu e você, para servirem de inspiração e encorajá-lo a seguir o caminho da educação com afeto; 2) respostas minhas às perguntas que eu mais recebo sobre educação e relacionamento com as crianças – escolhi aquelas que, de acordo com a minha experiência como educadora parental, são comuns à maioria das famílias.

Essas perguntas não pretendem mostrar um caminho pronto, uma receita de bolo com passo a passo e a garantia de que, se seguirmos o que se propõe nas respostas, teremos sucesso na relação com as crianças. Isso não existe, pois cada indivíduo é único e cada vivência é única – com as crianças, não seria diferente. Mas elas são, sim, um convite à reflexão, ao modo como você vê e aprendeu a ver a educação de seres tão puros como as crianças e, com isso, quem sabe, não se transforme numa mudança de ação por aí?

Cada pedacinho deste livro tem muito mais do que as minhas palavras, as minhas pesquisas e os meus relatos. São emoções, experiências, saberes, dores, angústias e conquistas de muitas e muitas pessoas que lutam e desejam um mundo de mais respeito pelas crianças. E agora você também faz parte deste livro com o seu olhar, com a sua leitura, com a sua dedicação ao se entregar a ele. Portanto, não posso deixar de agradecer a cada um de vocês pela contribuição e pela confiança no meu trabalho.

Quais as perspectivas adotadas?

Como perspectivas teóricas, além dos conteúdos de artigos científicos, quero compartilhar com você que a escrita deste livro foi inspirada nas conclusões atuais da neurociência relacionadas a parentalidade, educação, desenvolvimento e comportamento infantil, no modelo teórico do *Brain-Body Parenting*, nas abordagens da disciplina positiva, comunicação não violenta e parentalidade consciente, bem como nas teorias do apego e do trauma.

CAPÍTULO 1

Entendendo o impacto da violência nas nossas vidas e as violências que cometemos com as crianças

A ciência, há alguns anos, vem apontando o quanto o início da vida, o início da nossa história – seja para o lado positivo, seja para o lado negativo – tem impactos no nosso percurso como seres humanos. Crianças que vivem em um ambiente com relacionamentos de apoio e rotinas consistentes são mais propensas a desenvolver sistemas biológicos com bom funcionamento, incluindo circuitos cerebrais que promovem desenvolvimento e saúde ao longo da vida (National Scientific Council on the Developing Child, 2020). Existem, porém, crianças que vivenciam eventos adversos que violam esse ambiente desejável. Quando esses eventos ocorrem no início da vida, há mais chance de os efeitos serem duradouros, com potenciais sequelas em diversos domínios do desenvolvimento (Nelson e Gabard-Durnam, 2020).

Eventos traumáticos ou estressantes, como abuso físico, sexual e emocional, negligência, disfunção familiar, que ocorrem dentro ou fora do núcleo familiar e que são vividos antes dos 18 anos de vida, são denominados experiências adversas na infância (Felitti et al., 1998; Austin, 2018). A adversidade não é, em si, uma experiência previsível para a qual o cérebro se prepara. Por exemplo, o cérebro não espera exposição à violência doméstica (Nelson e Gabard-Durnam, 2020). A arquitetura do cérebro pode ser impactada pelas experiências adversas na infância (Garner et al., 2012; Johnson et al., 2013), e diversas sequelas neurais, comportamentais e psicológicas podem surgir (Nelson e Gabard-Durnam, 2020).

O estudo original sobre as experiências adversas na infância foi publicado no final da década de 1990 (Felitti et al., 1998) e demonstrou a associação de abuso infantil e/ou disfunção familiar com a maior ocorrência de comportamentos de risco na vida adulta (por exemplo, alcoolismo, abuso de drogas, depressão e suicídio), condições crônicas de saúde (por exemplo, doença cardiovascular, obesidade, câncer e doença pulmonar crônica) e mortalidade precoce. Estudos mais recentes também demonstraram a associação da exposição cumulativa a experiências adversas na infância com desfechos desfavoráveis na adolescência. Entre eles são citados, por exemplo, depressão, transtorno de estresse pós-traumático, pior percepção de saúde, maior risco de morrer nos próximos cinco anos (Kidman et al., 2020), problemas emocionais e de comportamento (Rebicova et al., 2019) e obesidade (Morris et al., 2016; Shenk et al., 2016).

Efeitos imediatos e em longo prazo da exposição a experiências adversas na infância vêm sendo relatados em crianças cada vez mais jovens, com desfechos desfavoráveis em habilidades acadêmicas, saúde física, comportamento e desenvolvimento, como em um estudo no qual os autores demonstraram que crianças expostas a experiências adversas na infância apresentavam habilidades linguísticas, matemáticas e de alfabetização abaixo da média, bem como problemas de socialização e de atenção, por volta dos 5 anos de idade (Jimenez et al., 2016). Outros autores observaram maior frequência de comportamentos externalizantes e internalizantes (Fenerci e DePrince, 2018; Gjerde et al., 2017; Liu et al., 2019), problemas socioemocionais (McDonnell e Valentino, 2016; McKelvey et al., 2017; Harper et al., 2018), de regulação emocional (McKelvey et al., 2017), de comportamento (Easterbrooks et al., 2018) e de temperamento (Gibson et al., 2015) em crianças expostas a experiências adversas e avaliadas durante a primeira infância.

É preciso ficar claro que, quando uma criança é exposta a estressores no início da vida, a resposta natural do corpo ao estresse pode se tornar inadequada ou tóxica.

O estresse tóxico acarreta uma disfunção do circuito entre os sistemas neuroendócrino e imunológico, afetando vários sistemas biológicos e estabelecendo as bases para desfechos negativos a longo prazo (Bucci et al., 2016). Entenda, o período que vai da gestação até os 3 anos de idade é o mais crítico, o mais importante para o desenvolvimento infantil, porque é quando o crescimento cerebral é mais intenso do que em qualquer outro momento da vida. Cerca de 80% do cérebro de um bebê são formados nesse período (Shonkoff et al., 2012). Impressionante, né? Por isso, para um desenvolvimento cerebral saudável, as crianças precisam de um ambiente seguro, protegido e amoroso, com nutrição adequada e estimulação dos pais ou cuidadores. Essa é uma janela de oportunidades para se estabelecer a base de saúde e bem-estar cujos benefícios durarão uma vida inteira – e continuarão na próxima geração (World Health Organization, 2018). Sabe-se, inclusive, que a experiência de cuidado na infância tem papel preponderante no desenvolvimento da autorregulação (Margolin et al., 2016).

Em 2023, o Comitê Científico do Núcleo Ciência pela Infância publicou o livro eletrônico *Prevenção de violência contra crianças*. O material discorre sobre os principais tipos de crime de violência não letal entre crianças e adolescentes (0 a 17 anos) cometidos no Brasil em 2021 (de acordo com o Anuário Brasileiro de Segurança Pública, publicado em 2022): estupro, maus-tratos e lesão corporal em violência doméstica. O termo "maus-tratos" abrange violência sexual, violência física, violência psicológica e negligência.

- *Violência sexual*: ação que constranja ou force a criança a praticar ou presenciar conjunção carnal ou qualquer outro ato libidinoso, de modo presencial ou por meio eletrônico, para estimulação sexual do agente ou de terceiros. A vítima tem desenvolvimento psicossexual inferior ao do agressor, que a expõe a estímulos sexuais impróprios para a idade ou a utiliza para sua satisfação sexual ou de outra pessoa. Pode ser do tipo abuso sexual, exploração sexual comercial ou tráfico de pessoas. O abuso sexual cometido no ambiente familiar é mais frequente que o cometido por pessoas fora do domicílio.
- *Violência física*: ação intencional infligida à criança que ofenda sua integridade ou saúde corporal ou lhe cause sofrimento físico. Implica o uso de força física contra a criança por cuidadores, pessoas do convívio familiar ou terceiros, com o objetivo de causar dor, sofrimento, lesão ou destruição da vítima. O adulto abusa da posição de poder e autoridade sobre a criança, impondo obediência e

submissão do vulnerável. Pode ser detectada por ferimentos no corpo (machucados, queimaduras e hematomas). A violência física é o tipo de violência mais visível pelos outros.

- *Violência psicológica*: ação ou situação recorrente a que a criança é exposta, que pode comprometer seu desenvolvimento psicológico. Abrange comportamentos de discriminação, depreciação, desrespeito por meio de ameaça, constrangimento, humilhação, manipulação, isolamento, agressão verbal e xingamento, ridicularização, indiferença, exploração ou intimidação sistemática. Exposição da criança a situação de testemunha de evento violento contra um membro de sua família ou rede de apoio também se encaixa nesta categoria de abuso infantil. A violência psicológica é o tipo de violência mais difícil de ser identificado.
- *Negligência*: omissão de cuidados essenciais e de proteção à criança ante agravos evitáveis, tendo como consequência o não atendimento de suas necessidades físicas e emocionais básicas. A negligência pode ser física (ausência de alimentação, de cuidados de higiene e médicos, de roupas e de proteção às intempéries; abandono e expulsão da criança de casa por rejeição; imprudência no trânsito; supervisão inadequada, como deixar a criança

sozinha e sem cuidados por longos períodos, entre outros casos); emocional (falta de suporte afetivo e atenção; exposição crônica à violência; permissão do uso de álcool e drogas; permissão ou encorajamento de atos delinquentes; recusa de receber tratamento psicológico); ou educacional (permitir que a criança falte às aulas; não atender às recomendações da escola; não matricular a criança em idade escolar ou se recusar a matriculá-la em instituições de ensino que atendam necessidades especiais, quando necessário).

O Comitê Científico do Núcleo Ciência pela Infância (2023) também enfatiza ser importante lembrar que o racismo – discriminação por cor, raça ou etnia – produz formas de violência e exclusão.

Muitos em nossa sociedade ainda insistem em ignorar a força e a veracidade dessas informações, lidando com as crianças como se fossem invisíveis, incapazes e meras marionetes nas mãos de adultos. E quanto mais novas, mais silenciadas. Crianças em todo o mundo têm o começo de sua história construído com desafeto, negligência, violência física e emocional.

Sei que, quando falamos em violência, em abuso, talvez pensemos que não praticamos atos dessa natureza com os nossos filhos. Temos uma referência e uma construção social do que constitui violência e abuso que, infelizmente, nos impede de ver o quanto, diariamente, fazemos nossos filhos passar por violências. Muitos já não usam mais de violência física com as crianças, mas volte um pouco e releia o conceito de violência psicológica. Quantos adultos praticam violência psicológica com as crianças? Quantos profissionais de educação e de saúde ainda recomendam que os pais ajam assim com seus filhos? Muitas das violências psicológicas já foram, inclusive, tão naturalizadas que são até invisíveis aos nossos olhos.

Veja alguns exemplos de violências e desrespeitos que podem nos passar despercebidos, mas que infringem a dignidade da criança, seja com seu corpo, com sua autoestima, com suas emoções ou com a visão que ela tem de si mesma:

- Obrigar a comer tudo.
- Obrigar a pedir desculpas.
- Ignorar a criança.
- Rotular a criança para o bem ou para o mal.
- Silenciar as emoções da criança.
- Ridicularizar as emoções da criança.
- Silenciar o choro – mandando "engolir o choro", por exemplo.
- Achar que a criança não tem que querer nada.
- Criticar a aparência da criança.

- Obrigar a criança a cumprimentar exatamente do jeito que o adulto quer.
- Obrigar a criança a abraçar e beijar os outros.
- Obrigar a criança a emprestar brinquedos e outros objetos.
- Manipular a criança para fazer o que o adulto quer.
- Normalizar o tom alto de voz e gritos.
- Ameaçar a criança.
- Castigar a criança.
- Comparar a criança com outras crianças.
- Obrigar a criança a vestir uma determinada roupa que ela não gosta, com a qual não se sente confortável.
- Responsabilizar a criança por coisas que são responsabilidade do adulto.
- Chamar a criança de nomes e/ou apelidos ofensivos.
- Tocar no corpo da criança sem pedir permissão ou avisar.
- Ameaçar a criança dizendo que vai embora ou que vai deixá-la para trás.
- Obrigar a criança a obedecer.
- Mentir para a criança.
- Menosprezar a criança.
- Provocar medo na criança.
- Fazer chantagem emocional com a criança.

- Oferecer coisas em troca de bons comportamentos.
- Falar da criança negativamente na frente dela.
- Tirar a criança do colo da mãe/pai à força sem ouvir o desejo dela.
- Não escutar a criança.
- Impedir a criança de ir ao banheiro.
- Colocar a criança no cantinho do pensamento ou de castigo.

Entenda por que todos esses itens da lista de violências são desrespeitosos com as crianças:

- Porque não veem a criança como sujeito.
- Porque você não faria isso com um adulto.
- Porque invalidam as emoções da criança.
- Porque invalidam a autenticidade da criança.
- Porque doem, porque machucam.
- Porque prejudicam a autoestima da criança.
- Porque não desenvolvem habilidades socioemocionais.
- Porque têm como foco a interrupção do comportamento, e não o ensinamento.
- Porque constituem abuso de autoridade.

Precisamos combater a violência contra as crianças. Precisamos ter coragem de admitir que ultrapassamos limites de respeito. Precisamos assumir nossa responsabilidade.

Dados e fatos sobre violência contra crianças no Brasil

- 30.604 denúncias de violação de direitos humanos – envolvendo uma vítima e um suspeito – de crianças de 0 a 6 anos foram registradas em 2021.
- 25.377 denúncias de violação contra crianças na faixa etária da primeira infância foram registradas apenas no primeiro semestre de 2022, quando já se superava a fase aguda da pandemia.

ALERTA: os dados de violência contra crianças podem estar sub-registrados e subnotificados, podendo ser ainda piores que os registros oficiais.

A violência gera muitos prejuízos às crianças, que se refletem posteriormente na sociedade, e representa um grave problema mundial que afeta a vida de um bilhão de crianças, com consequências emocionais, sociais e econômicas de longo prazo e alto custo para os governos.

- *Danos físicos*: traumas físicos, lesões, machucados, queimaduras, hematomas e cicatrizes; traumas emocionais.

- *Estresse tóxico*: alterações fisiológicas e psicológicas; potenciais prejuízos a memória, aprendizado, emoções e sistema imunológico; contribuição para o surgimento de doenças crônicas.
- *Mudanças de comportamento*: agressividade, problemas de atenção, hipervigilância, ansiedade, depressão, problemas de adaptação escolar e problemas psiquiátricos.

Fontes: Disque Denúncia/Ministério da Mulher, da Família e dos Direitos Humanos; Comitê Científico do Núcleo Ciência pela Infância, 2023.

Perceba que, nas ações violentas descritas anteriormente, quem deseja, quem tem o controle é o adulto. É o adulto passando por cima dos quereres da criança, da capacidade dela de sentir e de saber. É o adulto esperando que a criança seja perfeita e que tenha um comportamento que corresponda ao desejo e às necessidades dele. Mas, veja só, todos nós somos dotados de desejo, somos dotados de querer. Não podemos ignorar que a criança sinta desejo, que a criança tenha suas necessidades. Um bebê já mostra seu querer desde o princípio, quando dá sinais de que está pronto para nascer ou, quando maior, vai atrás de uma bola engatinhando com toda sua velocidade. O querer é legítimo, é humano. Por que negar essa legitimidade à criança?

Já imagino que, nesse momento da leitura, alguém me questionaria: "Mas então tenho que deixar a criança fazer tudo que quiser?". Não se preocupe, não estou defendendo que a criança não aprenda a respeitar os próprios limites e os dos outros, mas falaremos disso mais tarde, eu garanto. Educação com respeito nada tem a ver com educação sem limites. O que é preciso ficar claro é como estabelecer esses limites sem que eles sejam uma violência para a criança ou deixem de respeitar a existência dela como indivíduo.

Devo alertar que, ao ler sobre os tipos de violência e seus impactos, é possível que você acesse dores e desconfortos. Talvez você se culpe ao ler aquela lista das violências menos explícitas e perceba que já praticou ou que ainda pratica alguma dessas violências "mais sutis" com sua criança. Talvez você possa estar sentindo raiva de mim por estar aqui mostrando algo que dói em você. Talvez você possa estar sentindo raiva daqueles que já cometeram violências de qualquer tipo enquanto você era a criança em questão (sinto muito!). Tudo bem você sentir isso tudo. O seu sentir é importante. Acolha-o. Se sentir que pode ser útil, busque apoio profissional para lidar com as emoções que surgirem de forma mais desorganizada. Eu quero ser bem clara para que você entenda que o meu objetivo não é plantar uma semente de culpa eterna, deixar pais e mães se sentindo os piores do mundo. Não! Este livro, cada parte dele, existe para apoiar você. Eu desejo que você tome consciência e que, a partir de então, tenha mais forças para romper o ciclo de violência na sua família. Nunca é tarde para recomeçar e para reaprender. Nunca é tarde para buscar ajuda. Eu te abraço daqui!

É possível mudar a perspectiva da educação e pensar em algo que não se pareça com a violência que entendemos ao longo dos anos? Nas perguntas a seguir, proponho uma reflexão sobre o nosso olhar e o modo como encaramos o comportamento das crianças diante das nossas próprias expectativas. Você vai ver que, ao final, tudo pode ser uma questão de ajuste do nosso olhar, de quem somos, e não do que a criança faz.

O que fazer quando meu filho está irritado?

Imagine-se tendo esses sentimentos e alguém falando: "Você precisa se acalmar; você está muito nervoso" ou "Nossa, por que está fazendo isso? Você está exagerando, não precisa se sentir assim" ou "Você vai ficar aí nesse lugar até se acalmar". Como nos sentiríamos se ouvíssemos isso? Como seria ter de lidar com nossas emoções diante desse tipo de fala?

Muito provavelmente, você se sentiria mal. Eu me sentiria muito mal! Na verdade, em situações como essas, procuramos apoio no outro, e essas frases são o oposto; são de isolamento, falta de conexão e empatia.

Talvez não tivéssemos coragem de falar isso para um adulto, mas é comum falarmos para uma criança, não é mesmo?

O que ajuda o seu filho a se sentir melhor? Para alguns, será um abraço; para outros, uma música e um colo; ou, quem sabe, nossas mãos dadas fazendo carinho. Você precisará identificar o que apoia a sua criança, pois ela é única no mundo e, juntos, vocês terão uma forma única de passar por momentos desafiadores com respeito.

Mostre à criança que você está ali para ajudar no que for preciso. Possivelmente não adiantará muito ficar falando sem parar; dificilmente a criança assimilará alguma coisa efetiva. Esteja ali presente, sem julgamentos, sem pressa para acabar com aquele sentimento da criança. Seja o porto seguro que ela precisa para se conectar com suas emoções: "Filho, a mamãe (ou o papai) está aqui com você para ajudar. A mamãe está aqui. Sempre, sempre, sempre".

Se a criança, naquele momento, não aceitar um acolhimento verbal ou físico, você pode somente estar presente do lado dela, cuidando para que não se machuque e não machuque outras pessoas diante dessas emoções. Ofereça seu apoio com seu olhar e com a sua presença afetuosa.

Entendo que dá trabalho, sim, e não é fácil porque temos de fazer um movimento interno grande. Talvez seja necessário apoio profissional para aprender a lidar também com as nossas próprias emoções e, se for o caso, está tudo bem. É desafiador, mas é nosso papel assumir essa responsabilidade, não é mesmo? Somos nós que estamos no papel de conduzir a criança.

Quer dizer que nós vamos aceitar qualquer tipo de comportamento dela diante das suas emoções? Não, mas vamos ensinar e trabalhar com a criança sobre o comportamento depois de acolhê-la.

Meu filho não cumpre os combinados. Como lidar?

Sinto que focamos mais a nossa energia em dizer para a criança o que ela deixou de fazer – em geral, algo que já combinamos com ela e repetimos diariamente. Outro ponto de atenção é que, as às vezes, até mesmo sem perceber, acabamos reclamando e pontuando a forma como ela se expressa, afirmando que ela fala tudo reclamando, chorando e gritando, por exemplo. Com isso, resta pouco tempo e energia para encorajá-la, dizer a ela o quanto a admiramos e amamos a sua forma de se expressar, de se manifestar, de colocar sua opinião e de, inclusive, dizer o quanto confiamos na sua capacidade de fazer e colaborar com as coisas. A nossa falta de confiança na criança nos faz ficar nesse ciclo, repetindo o que ela não fez, dizendo que não podemos confiar nela, e ela, se sentindo desencorajada, vai deixando de fazer parte, de contribuir.

Busque fazer os combinados junto com a criança, converse sobre as necessidades dela, escute suas ideias e soluções. Veja o que é possível fazer dentro dos limites e equilíbrios que você considera importantes na sua casa e na sua família. Além disso, observe quais formas respeitosas podem ser úteis para lembrar a você e à criança sobre os combinados feitos e, quando eles não forem cumpridos, conversem para encontrar novas soluções. Vocês são capazes! Não custa alertar que, quando fazemos combinados com as crianças, precisamos cumprir com a nossa parte, porque elas esperam pelo combinado e confiam em nós; como sempre, nosso exemplo vale mais que mil palavras.

Como a educação com respeito impactou a minha vida

Não tinha conhecimento sobre isso quando minha filha mais velha nasceu... foram anos difíceis de imposição e enfrentamento! Ainda quando nasceu minha caçula, eu ainda não entendia como poderia guiar sem desrespeitar, mesmo porque eu não entendia como um desrespeito... não percebia que estava "escondendo" a personalidade das minhas filhas! Não lembro quando tive o primeiro contato com esse assunto, mas hoje a relação com as minhas filhas é muito diferente... e, mesmo que as outras pessoas me julguem e estranhem minha forma de conversar e respeitá-las nas situações mais corriqueiras, eu sigo descobrindo todos os dias como dar a elas voz para dizer o que querem, por que querem e se fazerem respeitadas onde quer que elas estejam! Não aceitam mais qualquer adulto dando "pitaco" ou ordens! Sabem a diferença entre o desrespeitoso e a desobediência! Hoje elas têm 11 e 7 anos... e essa conduta ajuda muito a se posicionarem não só com adultos, mas com amigos que são, daqui para a frente, uma grande influência!

Entendendo o impacto da violência nas nossas vidas... 17

> Vim de um lar com violência física e sempre tive medo de repetir esse ciclo. Muita terapia, muitos erros e muitos acertos também. Hoje me considero uma boa mãe. Acho tão incrível como eles se sentem seguros para falar como se sentem, para me dizer que estão com raiva, então precisam gritar... ninguém nunca me ouviu, mas os meus filhos se sentem ouvidos/acolhidos. Abraço e digo a eles constantemente o quanto são amados.

CAPÍTULO 2

Por que é tão difícil quebrar o ciclo de violência no relacionamento com as crianças

Se investigarmos a forma como a sociedade veio enxergando e se relacionando com a criança ao longo de séculos, compreenderemos por que, ainda hoje, há quem use (e até defenda) a prática de palmadas, castigos, silenciamento, cantinho do pensamento, entre outras estratégias desrespeitosas para com as crianças. Em contrapartida, existem evidências científicas robustas dos impactos negativos das punições físicas e verbais em aspectos importantes da vida das crianças, como no desenvolvimento socioemocional (Pace, Lee e Grogan-Kaylor, 2018) e na piora nos comportamentos e no desenvolvimento – no presente e, inclusive, no futuro (Avezum, Altafim e Linhares, 2022). O estudo de Cuartas et al. (2021) trouxe também descobertas importantes, as quais sugerem que as palmadas podem alterar as respostas neurais às ameaças ambientais de forma semelhante às formas mais graves de maus-tratos.

É importante dizer também que a literatura científica nos mostra que as práticas punitivas não fortalecem o relacionamento da criança com o adulto, como muitos acreditam, pensando que as práticas punitivas são formas de se fazer autoridade. Pelo contrário, as práticas punitivas afetam negativamente a dinâmica familiar e o vínculo entre pais e filhos (Wang, Wu e Wang, 2019).

Se hoje precisamos nomear uma forma de educar as crianças como "educação com respeito" ou qualquer termo similar, é porque outras formas de educar coexistem com algo mais respeitoso. Em outras palavras, quando a ideia de educar uma criança com respeito for a única e possível forma de nos relacionarmos com as nossas crianças, ela não precisará ser nomeada. Ela apenas será. Sonho com esse dia em que nenhuma criança será mais violentada, abusada, ferida física e emocionalmente, sobretudo por aqueles que deveriam amá-las, protegê-las, encorajá-las e cuidar delas com afeto, sendo seu principal continente emocional e físico.

Ao contrário do que muita gente pensa, a educação com respeito não é algo novo em termos de teoria, pois muitos autores de teorias e/ou abordagens que estão relacionadas à educação com respeito (como Alfred Adler, Rudolf Dreikurs, John Bowlby e Marshall Rosenberg) abordam o tema há muito tempo, muito antes de virar moda. O que vemos é que, na prática, a busca e a disseminação dessa modalidade entre as famílias, a escola e a sociedade são razoavelmente recentes. Na última década, temos acompanhado a busca e o desejo crescente de famílias, educadores e profissionais para aprender sobre educação com respeito. Acompanhar esse movimento é incrível e encorajador. Isso não significa, contudo, que todos que conheçam a teoria estejam buscando colocá-la em prática. Há ainda muitas crenças equivocadas sobre a infância que fomentam grande parte dos atos violentos contra as crianças. Quanto mais essas crenças são perpetuadas com suas nuances em todos os tipos de relacionamentos (diretos ou indiretos com a criança), mais elas dão força e encorajamento àqueles que ainda acreditam que o caminho do desrespeito e do desafeto é válido na educação das crianças.

Vou compartilhar alguns exemplos com você e, enquanto você lê, aproveite para refletir sobre quais dessas crenças estão entrelaçadas no seu relacionamento com as crianças. Esse meu convite não tem a intenção de apontar o dedo e provocar culpa. Considere-o como um chamado amoroso que tem a função de tocar o seu coração para que você possa, a partir de um estado mais consciente de si mesmo no relacionamento com as crianças, começar a dar passos importantes para uma mudança profunda.

Veja algumas crenças equivocadas sobre a infância:

- *Crença na superioridade do adulto*: a ideia de que as crianças devem obedecer aos adultos sem questionar, ignorando suas próprias necessidades e desejos (em obras como *O drama da criança bem dotada*, Alice Miller discute como a crença na superioridade do adulto pode levar a relações parentais prejudiciais e impactar negativamente o desenvolvimento infantil).
- *Crença na disciplina física como eficaz*: a crença de que palmadas ou outras formas de disciplina física são necessárias para ensinar as crianças a se comportar adequadamente (em sua obra *Beating the Devil Out of Them: Corporal Punishment in American Families and Its Effects on Children*, ou, em tradução livre, *Disciplina física: o castigo corporal em famílias estadunidenses e os efeitos nas crianças*, Murray A. Straus examina os efeitos prejudiciais da disciplina física nas crianças e argumenta contra seu uso como forma de disciplina).
- *Crença na infalibilidade dos pais*: a noção de que os pais sempre sabem o que é melhor para os filhos e que suas decisões não podem ser questionadas (em seu livro *Mind in the Making: The Seven Essential Life Skills Every Child Needs*, ou, em tradução

livre, *Mente em construção: as sete habilidades essenciais que toda criança precisa ter*, Ellen Galinsky discute a importância de os pais reconhecerem a própria vulnerabilidade e estarem abertos ao aprendizado mútuo com os filhos, desafiando a crença na infalibilidade dos pais).

- *Crença na incapacidade das crianças*: a percepção de que as crianças são incapazes de contribuir para decisões familiares ou de compreender assuntos complexos (em suas obras, como *A formação social da mente*, Vygotsky enfatiza o papel ativo das crianças no próprio desenvolvimento e defende uma abordagem de educação centrada na criança).

- *Crença na rigidez dos papéis de gênero*: a ideia de que meninos devem ser fortes e assertivos, ao passo que meninas devem ser delicadas e submissas (em obras como *Uma voz diferente: teoria psicológica e o desenvolvimento feminino*, Carol Gilligan argumenta contra a visão tradicional de que meninos e meninas devem adotar papéis de gênero rígidos e defende uma abordagem mais flexível e inclusiva na educação das crianças).

É muito importante entendermos historicamente como a violência com as crianças foi sendo considerada "natural" e como chegamos até aqui. Essa compreensão abre os nossos olhos para o quanto ainda temos de avançar em termos de naturalizar o respeito às crianças. Para mim, a ideia de que crianças e adolescentes tenham sido reconhecidos como sujeitos de direitos somente após o século XX é inacreditável, quase inconcebível. Anteriormente, eles eram vistos socialmente como objetos, à total disposição dos adultos e de seus interesses.

Não à toa, em seu artigo de revisão bibliográfica, Teixeira (2022) afirma que a perspectiva da proteção integral, adotada no final do século XX, contrapõe-se a uma perspectiva de disciplinamento e dominação das crianças perpetuada historicamente:

> A violência contra crianças e adolescentes esteve presente na história da humanidade desde os mais antigos registros, como afirma deMause: "a história da infância é um pesadelo do qual recentemente começamos a despertar. Quanto mais atrás regressamos na História, mais reduzido o nível de cuidados com as crianças, maior a probabilidade de que houvessem sido assassinadas, aterrorizadas e abusadas sexualmente".

Embora, ao longo da história, as crianças tenham sido vistas e tratadas de maneira distinta em diversas culturas e por diferentes períodos, podemos dizer que atos e ideias violentas contra a infância e a adolescência permearam todos os tipos de sociedade, continente, raça e credo.

Autores como Philippe Ariès analisaram como as percepções da infância mudaram ao longo do tempo e como as crianças foram gradualmente reconhecidas como indivíduos com necessidades específicas. Eles relatam que, na antiguidade, as crianças muitas vezes não eram consideradas indivíduos com direitos próprios, mas sim propriedade dos pais ou da comunidade. Práticas como o infanticídio eram comuns em algumas sociedades, em que bebês considerados indesejados ou incapazes de sobreviver eram abandonados ou mortos.

Durante a Idade Média, as crianças ainda eram vistas como propriedade dos pais, e seu valor muitas vezes estava ligado à capacidade de trabalhar e contribuir para a família ou a comunidade. Sabe-se que práticas disciplinares violentas, como o castigo físico e a exploração do trabalho infantil, já eram comuns em muitas sociedades naquela época. Em seu livro *The History of Childhood* (*A história da infância*, em tradução livre), Lloyd deMause oferece uma visão abrangente da história da infância, examinando como as crianças foram tratadas e percebidas em diferentes períodos e culturas, discutindo inclusive as mudanças nas práticas parentais, na educação infantil e nas percepções da infância ao longo do tempo. Por exemplo, durante a Idade Moderna, há registros de que houve um aumento do valor atribuído à infância, com o surgimento de novas ideias sobre a importância da educação e do cuidado infantil. No entanto, ainda persistiam práticas punitivas e autoritárias. Somente no século XIX houve um aumento do interesse pelo bem-estar infantil, com o surgimento de movimentos de reforma social e legislações voltadas à proteção das crianças. Mesmo assim, muitas práticas disciplinares violentas ainda eram (e infelizmente seguem sendo) aceitas socialmente, incluindo o uso de palmadas e castigos físicos.

Outro exemplo de prática disciplinar – que entendemos a partir das perspectivas teóricas que fundamentam a educação com respeito – que desrespeita a criança, física e emocionalmente, e ainda é usada com frequência nos dias atuais, é o "cantinho do pensamento". Ela parece ter ganhado popularidade entre profissionais e pais, em especial nas décadas de 1960 e 1970, como parte de um movimento que talvez desejasse usar abordagens disciplinares mais "brandas" comparadas às que vinham sendo usadas até então. O "cantinho do pensamento" foi amplamente difundido por meio de livros, programas de televisão e consultores parentais nas últimas décadas, até que, sabiamente, passou a ser objeto de críticas e debates sobre sua eficácia e impacto negativo no desenvolvimento infantil. Isolar a criança de seus adultos de referência, justamente quando ela precisa de apoio e de adultos correguladores, pode aumentar ainda mais a desregulação emocional da criança. Além disso, a prática não ensina à criança habilidades de resolução de problemas, podendo ser ainda mais estressante e traumatizar crianças que já sofreram abusos.

De volta às perspectivas históricas acerca das experiências das crianças ao longo dos séculos, a primeira manifestação internacional a favor dos direitos da criança e do adolescente – a Declaração de Genebra – ocorreu apenas em 1924, como se observa a seguir:

> **Preâmbulo (Declaração de Genebra)**
>
> Pela presente Declaração dos Direitos da Criança, conhecida como Declaração de Genebra, os homens e mulheres de todas as nações reconhecem que a humanidade deve dar à criança o melhor que tem, afirmando seus deveres, independentemente de qualquer consideração de raça, nacionalidade ou credo.[1]

Posteriormente, outras declarações a favor dos direitos das crianças foram elaboradas. Nos anos 1980, ocorreram no Brasil diversos movimentos políticos e sociais em torno da "causa da infância", os quais abriram

---

1. Para saber mais, ler a Declaração de Genebra na íntegra em: www.unicef.org. [N.E.]

espaço para a criação do Estatuto da Criança e do Adolescente, aprovado em 13 de julho de 1990.

> ECA, Art. 5º Nenhuma criança ou adolescente será objeto de qualquer forma de negligência, discriminação, exploração, violência, crueldade e opressão, punido na forma da lei qualquer atentado, por ação ou omissão, aos seus direitos fundamentais.

Temos no Estatuto o marco legal e regulatório dos direitos humanos de crianças e adolescentes, que passam a ser reconhecidos como sujeitos de direitos, a quem os pais, a sociedade e o Estado devem garantir a proteção integral, mediante efetivação dos direitos fundamentais relativos a saúde, educação, alimentação, cultura e dignidade.

Meu desejo é que essas informações históricas e sociais sirvam de apoio para você compreender melhor por que é tão difícil para muitos de nós quebrar o ciclo de violência contra as crianças. Estamos no *modus operandi* da violência por muito tempo. Ela faz parte da nossa construção social, do nosso DNA, da nossa memória corporal e mental. Eu realmente gostaria de dizer que basta começar a estudar sobre educação com respeito para virarmos uma chave interna e pronto, nunca mais sermos violentos e desrespeitosos com as crianças.

No entanto, não é assim que acontece. Para quebrarmos os ciclos de violência, não basta uma chave virar. Temos de nos levantar da cama todos os dias decidindo, escolhendo, sentindo, desejando profundamente romper com os ciclos de violência.

> Se mudarmos o começo da história, mudamos a história toda.
> Raffi Cavoukian

Foi com essa frase que comecei a minha tese de doutorado em Saúde da Criança e do Adolescente. Fico encantada com a força dessas palavras, sabe? Estamos ansiosos para mudar o mundo, para transformá-lo em um lugar melhor para os nossos filhos e para as próximas gerações. Estamos ansiosos para mudar o início da vida, o início da história, porque hoje já temos muito mais consciência e muito mais informações sobre o quanto o início da nossa vida causa impactos não só no agora, mas também em médio e curto prazo. Embora vejamos pessoas dispostas a criticar as gerações atuais e usando termos pejorativos para se referir a elas, somos uma geração de pais e mães que está fazendo uma revolução muito importante. Temos inúmeras provas de que o mundo não vai lá tão bem, ou está tudo um mar de rosas? Não temos certeza do que leva algumas pessoas a criticarem tanto essa nossa geração de pais que querem educar os filhos com respeito. Talvez façam essas críticas por não compreenderem os impactos da violência na vida das crianças e por não entenderem que o que praticam com as crianças são atos desrespeitosos. Talvez teçam essas críticas por não compreenderem o que e como realmente se dá a educação com respeito. Também acredito que essas críticas surgem no coração daqueles que ainda não são capazes de se abrir para um novo olhar para as crianças. Em alguns corações, há uma espécie de fidelidade à dor que foi vivenciada na infância.

Entretanto, não podemos mais continuar no caminho que vínhamos percorrendo tratando crianças como objetos, sem direitos, sem respeito. Se quisermos realmente mudar o mundo, traçar novas rotas, precisaremos mudar a nossa forma de nos relacionar com as crianças e, principalmente, mudar a nossa forma de vê-las. Ao apontar aqui a mudança necessária e defender que a atual geração de pais busca novas informações sobre educação, não quero tomar um lugar de juíza das gerações anteriores, porque esse não é o meu papel. Acredito que muitos fizeram o melhor que puderam com as informações e com a consciência de que dispunham. Não precisamos levar toda essa reflexão para o lado pessoal, pois não estou criticando um indivíduo, mas trazendo reflexões sobre a nossa sociedade coletivamente.

Ao despertarmos para o fato de que é transformando a nossa relação com as crianças que estaremos provocando uma transformação ainda maior, ganharemos forças para seguir adiante. Lembraremos a nossa evolução, o quanto estamos sempre aprendendo e crescendo como seres humanos e como as crianças são capazes de nos apoiar nessa jornada evolutiva. Lembraremos de nos esforçar para aprender novos recursos e novas formas de lidar. Vai valer a pena! Por nós, pelos nossos filhos e pelos próximos membros da nossa família. Mais ainda, valerá a pena pelo mundo!

Quero trazer alguns dados científicos sobre como, para muitos de nós, senão todos, abrir espaço para a educação com respeito nas nossas casas demandará, primeiro, reconhecer a violência à qual fomos submetidos. Quantas vezes você já escutou (ou talvez tenha sido você a dizer) que sofreu, mas mereceu, ou que sofreu, mas sobreviveu? Essas são falas de completa negação da experiência de violência. Ao negar a violência experienciada, valoriza-se a continuidade dela.

A literatura científica apresenta evidências de que crianças que crescem em famílias agressivas são mais propensas a serem agressivas nas famílias que criam quando adultas. Esse fenômeno é conhecido como transmissão intergeracional e refere-se a sofrer agressão na família de origem – seja testemunhar agressão entre os pais ou diretamente receber agressão dos pais – como um fator de risco para agressão futura contra parceiros íntimos ou contra os próprios filhos (Margolin et al., 2016).

Em 2019, pesquisadoras da Universidade de Brasília publicaram um artigo científico sobre a transmissão intergeracional da violência física contra a criança. As autoras do artigo entrevistaram mães e analisaram qualitativamente os relatos sobre o tema. O compartilhar das mães entrevistadas sobre a educação nas famílias de origem reforçou a importância da experiência anterior, dos modelos aos quais aquelas mães foram expostas e da transmissão de práticas entre gerações para a continuidade ou para a mudança em relação ao uso da punição física e aos casos de violência na família. No estudo, mães que julgaram a experiência na família de origem de forma negativa mostraram empatia com as crianças quando narraram que se colocam no lugar dos próprios filhos, e que não desejam a eles as mesmas experiências que lhes trouxeram sofrimento (Villas Boas e Dessen, 2019).

As pesquisadoras relataram também que, para um dos grupos de mães analisadas, as recordações sobre o próprio sofrimento não foram suficientes para o abandono do uso da força física na educação dos filhos, mas podem ter contribuído para que elas se posicionassem contra a severidade da punição, assim como o reconhecimento dos prejuízos das punições na vida dos filhos.

Também em 2019, pesquisadores da Universidade de Clagary (Canadá) realizaram uma meta-análise (uma das metodologias mais rigorosas de estudos científicos) para avaliar a hipótese da transmissão intergeracional de maus-tratos em 142 estudos (Madigan et al., 2019). As evidências dessa meta-análise confirmaram a hipótese do ciclo intergeracional de maus-tratos.

Outros estudos científicos reforçam que ter sido punido fisicamente e ter sido vítima de violência na infância contribui para aumentar as chances de uma pessoa perpetuar e colaborar para a manutenção de práticas violentas. Nesse sentido, os resultados do estudo de Assink et al. (2018), também uma meta-análise, indicaram que, nas famílias de pais que experienciaram maus-tratos na própria infância, as chances de maus-tratos em relação aos filhos foram quase três vezes maiores que as chances de ocorrerem em famílias de pais sem história de experiência de maus-tratos na infância. Considerando outro contexto de violência, o estudo de Lansford et al. (2014) mostrou como atitudes justificando a violência doméstica (entre os adultos) estão também relacionadas com a aceitação da punição corporal e comportamentos agressivos dos pais em relação às crianças em diversos países, contribuindo para o entendimento dos fatores que perpetuam o ciclo de violência nas famílias.

Outros pesquisadores, como Jaffee et al. (2013), identificaram fatores contextuais e interpessoais que distinguem famílias em que a transmissão intergeracional de maus-tratos é mantida das famílias em que o ciclo é quebrado. Esses fatores incluem relacionamentos de apoio e confiança com parceiros íntimos, altos níveis de calor materno em relação às crianças e baixos níveis de violência entre os adultos.

Compreender os mecanismos que ajudam a explicar a continuidade e a ruptura do ciclo de violência ao longo das gerações e reconhecer a nossa própria história de violência na infância é, portanto, um passo que não podemos deixar de dar, tanto no âmbito coletivo quanto individual, se quisermos realmente mudar o curso das nossas relações com os nossos filhos, com todas as crianças do mundo. Aliás, mais do que mudar o curso das nossas relações com os nossos filhos e com as crianças com as quais nos relacionamos, ao compreender os processos de continuidade e de ruptura dos ciclos de violências e reconhecer o histórico da violência em nossas vidas, seja ela física ou emocional, estaremos definitivamente mudando o curso das próximas gerações.

Imagine que, a partir dessas mudanças profundas, as crianças de hoje não terão os mesmos registros de violências e abusos que nós tivemos e, consequentemente, os nossos netos, tataranetos etc. também não!

Nosso despertar afetará muito todos os nossos relacionamentos, não há dúvidas. Contudo, para que haja, de fato, uma mudança significativa e uma real diminuição da violência (de todos os tipos) na infância e dos seus efeitos contínuos na idade adulta e nas próximas gerações, precisaremos de toda a população, de toda a sociedade envolvida e engajada nessa missão. Precisamos, inclusive, de ações efetivas de saúde pública e de diversos setores governamentais para apoiar a parentalidade positiva e a educação com respeito. Não podemos nos esquecer de que mudanças positivas no contexto socioeconômico também podem fazer toda a diferença no ciclo de ruptura da violência (Gilbert e Lacey, 2021).

Talvez você tenha chegado neste capítulo se perguntando: "Como vou fazer esse caminho tão diferente de educação?". Eu estou aqui para te apoiar nesse novo trajeto e apresentar recursos para algumas das situações desafiadoras que vivemos com as crianças.

Quando alguma coisa acontece de forma diferente do que meu filho gostaria, ele fica muito frustrado. O que eu faço?

Vamos começar pensando em nós, adultos. Como nos sentimos quando somos contrariados e estamos frustrados? Como reagimos quando as coisas não saem como esperávamos? Será que nós, adultos, sabemos lidar com isso tão bem assim, e tão melhor que as crianças? Nós também temos expectativas, planos, imaginamos as coisas de uma forma diferente do que elas acabam acontecendo e, quando elas não saem como esperávamos, reagimos às frustrações, muitas vezes, de forma bastante infantil. Só em algumas outras vezes damos conta de agir com mais maturidade, pois já temos o córtex pré-frontal mais amadurecido. Não devemos esperar que a criança não se frustre porque a frustração é natural.

O caminho também não vai ser "o que tenho de fazer para ela não se sentir contrariada", pois em todas as fases da vida teremos contrariedades. Não vamos tentar impedir que a criança passe por isso, mas, sim, estar ao lado dela emocionalmente e entender os seus sentimentos, sem colocá-los como equivocados. Nosso papel é acolhê-la e tentar ajudá-la a lidar com isso, descobrindo formas de perceber e resolver a situação juntos. Vamos ensinar a criança a encontrar soluções para colocar para fora a frustração, a raiva ou a ansiedade sem se desrespeitar e sem desrespeitar o outro. Ao fazer esse exercício de apoiar a criança diante da frustração, precisamos lembrar que o aprendizado dela não necessariamente será no curto prazo; cada vez que a ajudarmos a lidar melhor com as emoções, mais ela vai amadurecer e se sentir segura no seu afeto.

Também ensinamos as crianças a lidar com a frustração ao darmos o nosso exemplo positivo quando estamos nos sentindo frustrados. Em vez de guardarmos as emoções ou explodirmos, buscamos caminhos saudáveis para nós e para os outros ao nosso redor. Podemos e devemos nos humanizar para as crianças, porque elas precisam ver adultos humanos, que vivenciam os mesmos sentimentos e emoções que elas. A questão é, mais uma vez, como nós, adultos, reagiremos diante dos desafios.

Como se sente quando a criança frustra você? Não é incomum nos observarmos querendo controlar a criança quando, na verdade, sentimos que não temos o controle porque ela está fazendo algo que não gostamos. Acionamos um "botãozinho" que nos impulsiona a querer, de qualquer forma, que a criança nos atenda. A qualquer custo! Assim não sentimos que estamos perdendo o controle. Olhando de fora, não parece uma situação familiar, como uma espécie de "birra" do adulto? Não sabemos lidar com a nossa frustração porque, quando estivemos frustrados na nossa infância, possivelmente, ouvimos: "Você não tem que querer nada", "Você não escolhe", "Você tem que me obedecer", "Faça isso porque eu estou mandando". A dor de ter a nossa frustração silenciada é tão grande que repetimos a história. Repetimos porque não nos damos conta de que é essa dor que está nos fazendo reproduzir o que nos foi feito na infância.

Percebo que esses momentos de frustração com nossos filhos são ótimas oportunidades para resolvermos nossas próprias frustrações. Uma ótima oportunidade para olharmos para isso, para fazermos por nós aquilo que não conseguiram fazer quando éramos crianças. Se, no momento em que o seu filho contrariar você, você perceber a sua frustração, estará ajudando muito a si mesmo. Você mesmo poderá validar os seus sentimentos, com os olhos fechados, ao se conectar com você e simplesmente dizer, no seu íntimo: "Eu percebo que você está frustrado. Percebo que você gostaria muito que o seu filho fizesse o que você quer. Eu te entendo, de verdade. Ele é um outro ser humano, não é você; por isso, pode fazer escolhas diferentes. Vai ficar tudo bem. Você não vai perder o controle. Está tudo bem. Ele é apenas uma criança e você é o adulto da relação. Entendo que você esteja frustrado e vamos encontrar soluções respeitosas para todos".

Como a educação com respeito impactou a minha vida

Tenho 32 anos, apanhei somente uma vez em toda a minha vida, mas minha mãe sempre foi muito explosiva. Na adolescência, me humilhava, me xingava, gritava comigo. Já meu pai, sempre tranquilo, me dava atenção, carinho, dizia que tudo poderia ser resolvido na base da conversa, porém era ausente por conta do trabalho. Criei traumas com a "educação" que minha mãe me deu e, consequentemente, reproduzi algumas vezes com meu filho, não de xingar, humilhar, mas sim de ser impaciente e até dar uns "tapinhas". Até com meu marido, tudo era motivo de gritos e xingamentos. Depois que conheci a educação com respeito, descobri que aquilo que eu passei, a forma como minha mãe me criou, não era o certo e não era como eu queria criar meu filho. Ele não podia fazer parte desse ciclo de violência, achar que isso é certo e reproduzir no futuro com os filhos e a família dele. Resolvi mudar, tentar ser melhor, não bater. Claro que algumas vezes ainda perco a paciência, mas consigo entender que o cérebro maduro é o meu.

Hoje ele tem 3 anos, mas já sinto uma grande diferença no nosso relacionamento como mãe e filho. Sinto que ele não tem medo de mim, que me entende quando repreendido, sem ofensas, gritos, palmadas. Hoje sinto que sou o que eu queria que minha mãe tivesse sido para mim. Sou acalento, sou calma, sou porto seguro, e meu filho é uma criança feliz, carinhosa, bondosa, que diz não à violência desde tão pequeno. Tenho orgulho da mãe que estou me tornando, tenho orgulho de ter quebrado esse ciclo que vivi durante tantos anos. Sinto que estou no caminho certo com meu menino e fico feliz por isso.

Nossa, é um desafio para mim, que fui criada com o mínimo de respeito. Tinha sempre que comer tudo, não podia expressar minhas vontades, não podia escolher o que vestir, não podia chorar, sempre sob ameaças, e que apanhar e ficar de castigo era o melhor caminho para a obediência sem questionamentos. Confesso que, para educar o meu menino, que está com quase 6 anos, eu precisei me reformular, entender meus traumas e entender que a criança é uma pessoa que tem vontades próprias, sim, que pode e deve expressar os seus gostos, seus limites, que está descobrindo tudo e é cheia de sentimentos, que precisa de respeito em todos os aspectos, respeito sempre e muito amor, muita conversa, muito carinho. Eu e meu esposo fazemos cama compartilhada com ele até hoje, e é maravilhoso. Confesso que seus posts me ajudam muito, no lidar com situações conflitantes, no educar com respeito. Obrigada!

CAPÍTULO 3

Mudando a nossa visão sobre as crianças e encontrando um caminho do meio na educação

Cada vez que agimos com desrespeito em relação às crianças, uma voz sutil e interna nos diz que precisamos controlar e domar urgentemente esse pequeno ser, porque, se não fizermos isso, tudo estará perdido. É a crença equivocada de que a criança é manipuladora e inferior a nós, adultos, que nos move em direção ao desrespeito. Ou a ideia enraizada de que colo, carinho e diálogo em excesso "fazem mal" nos move em direção à negligência e ao abuso emocional. Ou o discurso de que a criança precisa sofrer consequências negativas, perder algo e se sentir envergonhada pelo erro para então mudar de comportamento nos move em direção à humilhação. Não bastasse tudo isso, há ainda a certeza de que nós, adultos, somos muito superiores às crianças.

Por que será que temos medo de enxergá-las como seres humanos e construir relações circulares de conexão com elas?

Tenho certeza de que algo está se movendo dentro de você enquanto você lê este livro. Tenho certeza de que você não quer mais naturalizar nenhum tipo de desrespeito à criança, e um dos passos que considero mais importantes para isso é definirmos para nós mesmos e para o mundo a nossa visão sobre a criança. Vou te ajudar a fazer isso a partir deste trecho, de Carlos González (2015):

> Depende se vemos os nossos próprios filhos como amigos ou inimigos. Para algumas pessoas, as crianças são ternas, frágeis, desprotegidas, carinhosas, inocentes e necessitam da nossa atenção e dos nossos cuidados para se converterem em adultos agradáveis. Para outros, as crianças são egoístas, más, hostis, cruéis, calculistas, manipuladoras e só se lhes dobrarmos a vontade logo de início e lhes impusermos uma disciplina rígida as poderemos afastar do vício e convertê-las em adultos capazes.

Com qual dessas visões você escolhe ver o seu filho a partir de hoje? Eu espero, sinceramente, que seja com a primeira visão: "crianças são ternas, frágeis, desprotegidas, carinhosas, inocentes e necessitam da nossa atenção e dos nossos cuidados para se converterem em adultos agradáveis". Permita que esse olhar conduza as suas ações com o seu filho. Permita-se sentir esse olhar sem se julgar, sem ter medo de quem ele vai ser no futuro por você vê-lo assim. Permita-se guiar-se por esse olhar de afeto e de amor.

Por trás de muitas ações desrespeitosas e violentas com as crianças, existem adultos que as veem do seguinte modo: "crianças são egoístas, más, hostis, cruéis, calculistas, manipuladoras e só se lhes dobrarmos a vontade logo de início e lhes impusermos uma disciplina rígida as poderemos afastar do vício e convertê-las em adultos capazes". Imagina todos esses pensamentos borbulhando dentro de um adulto enquanto lida com um desafio com a criança? Esses pensamentos, inevitavelmente, levarão o adulto a agir com desrespeito, porque tudo que esse adulto quer é ter o controle e modificar essa criança a qualquer custo. O medo da perda do controle, medo de a criança se transformar em alguém horrível, cruel, "malcriado" ou qualquer outro adjetivo do tipo. Quando agimos a partir do medo, nos desconectamos da verdade que já está dentro de nós, a verdade amorosa: "de que as crianças necessitam da nossa atenção e dos nossos cuidados para se converterem em adultos agradáveis".

Com o que você está se conectando na educação dos seus filhos: com o medo ou com o amor?

Digo, com muita certeza, que escolher de qual lado estamos muda completamente a nossa relação com os nossos filhos. Não dá para ficarmos em cima do muro, sabe? Não dá para vermos a criança ora com a primeira visão, ora com a segunda. Há que se escolher um lado. Quando nos propomos a ver a criança de forma positiva, nossas ações para com ela tendem a ser naturalmente mais respeitosas e mais empáticas. Vamos nos permitir estar no nosso papel de adultos que devem proteger, nutrir (física e emocionalmente), cuidar, orientar, respeitar a criança.

É em vão alguém que deseja educar com respeito ficar preso na segunda visão sobre a criança porque tudo começa na nossa mudança de olhar. Não adianta eu repetir um "jeito" de falar, um "jeito" de agir mais respeitoso se eu continuar acreditando que a criança é egoísta, má, hostil, cruel, calculista, manipuladora. Sem a mudança do nosso olhar para com a criança, nada muda.

Entendo que, neste ponto do livro, você talvez tenha dúvidas sobre como lidar com alguns comportamentos desafiadores das nossas crianças ternas, frágeis, desprotegidas, carinhosas, inocentes, não é mesmo? Porque é totalmente natural que crianças apresentem comportamentos desafiadores, afinal de contas, elas, como nós, têm seus momentos difíceis. Algumas vezes, as crianças precisarão do nosso apoio (amoroso e gentil) diante de alguns comportamentos. A criança ainda está aprendendo a lidar com a vida, com ela mesma e com o outro; por isso, nesse aprendizado, pode precisar de nós, adultos, para guiá-la pelo melhor caminho. Um dos nossos desafios nesses momentos é compreender o que a criança está comunicando por trás do comportamento desafiador – falaremos disso em breve – e não cair naquelas táticas de interrupção de comportamento que aprendemos e tínhamos como únicos recursos para educar, como ameaças, castigos físicos, humilhações verbais, retirada de privilégios e cantinho do pensamento. Além de imediatistas, sabemos agora que essas práticas atendem apenas às necessidades dos adultos e não ensinam habilidades socioemocionais importantes para as crianças.

Outro desafio de extrema importância é aprendermos a deixar claro para os nossos filhos que eles são incríveis exatamente como são. Que o nosso amor por eles é por eles, não pelos seus comportamentos, e que não precisam ser perfeitos para serem amados. Ao saber que somos amados exatamente por sermos como somos, nos sentimos pertencentes. Sentimos que há espaço para o nosso ser autêntico. Não nos esforçaremos para ser uma pessoa diferente do que realmente somos apenas para nos sentirmos amados.

Você consegue imaginar como o mundo seria se cada um de nós tivesse crescido sabendo que somos amados por sermos exatamente quem somos? Como o mundo seria se tivéssemos nos sentindo apropriados e adequados, amados por aqueles a quem mais amávamos?

O sentimento de pertencimento é tido como uma necessidade humana básica (Maslow, 1962), e sentimento de pertencimento ineficiente já foi associado a problemas no funcionamento social e psicológico (Hagerty et al., 1996). O conceito de sentimento de pertencimento foi desenvolvido por Hagerty et al. em 1992 como um elemento de relacionamento interpessoal, especificamente definido como "a experiência de envolvimento em um sistema ou ambiente em que a pessoa se sinta parte integrante desse sistema ou ambiente" (p. 173). Esses mesmos autores também propuseram que as consequências do sentimento de pertencimento incluíam envolvimento psicológico, social, espiritual ou físico; ganho (atribuição) de significado; e o estabelecimento de uma base para respostas emocionais e comportamentais.

Existem registros sobre uma tribo no sul da África que diz que, quando alguém tem um comportamento inadequado, os membros da tribo levam essa pessoa ao centro de sua aldeia e todos ficam ao redor dela. Parece que a tribo passa dois dias recordando a essa pessoa de todas as coisas boas que ela já fez. Esse costume é conhecido como *Sawabona* e *Shikoba*. O mito conta que a tribo acredita que todos nós viemos ao mundo sendo bons e desejando segurança, amor, paz e felicidade. Acredita-se que, ao desejarem se sentir seres especiais e bons, as pessoas às vezes têm comportamentos inadequados, e os erros podem acontecer na busca por pertencimento. A tribo entende que os deslizes são pedidos de ajuda; por isso, reúne-se para apoiar aqueles que erraram a se reconectar com a verdadeira natureza, ajudando-os a se lembrarem de quem são. Após esse momento, os membros da tribo repetem *Sawabona* e *Shikoba*. *Sawabona* significa "eu respeito você, valorizo você e você é importante para mim", e a pessoa responde *Shikoba*, que quer dizer "então... eu sou bom e eu existo para você".

Imagino a nossa sociedade ouvindo essa história e a maioria das pessoas talvez pensando: "Nossa, que especial, que lindo...". Mas, quando especialistas na infância como eu dizem que deveríamos agir assim com as crianças, imagina só como seria visto como absurdo, como deixar de educar? Isso porque, quando se trata de crianças, o ego dos adultos se prende ao desejo de ser superior, de ter controle, de ser autoridade.

Entendo o medo dos adultos de não ser autoridade, pois recebemos toda uma doutrinação de que devemos ser essa autoridade, mais do que pais, para os nossos filhos. Como se a autoridade estivesse fora de nós, vamos buscando todos os dias algo que possamos fazer para que nossos filhos nos vejam assim. Mais uma vez, no movimento do medo, lá vamos nós, percorrendo caminhos desrespeitosos com as crianças. E se parássemos de correr atrás dessa autoridade e assumíssemos o nosso lugar de referência? Não seria mais leve? Aliás, talvez fosse até mesmo mais desafiador, já que, para ser referência, é preciso ser exemplo – e quantos não conseguem ser e dar exemplo daquilo que exigem aos filhos, não é mesmo?

Acredito que ser referência é o que devemos buscar. Nossos filhos não precisam de pais controladores, autoritários e que agem com medo de não serem autoridades. Nossos filhos precisam de pais que têm consciência do seu papel na vida deles e que agem a partir dessa consciência, buscando ser aquilo que desejam ensinar. Quanto mais estamos conscientes e atentos, mais presentes (no sentido mais amplo da palavra) estamos; quanto mais presentes estamos, mais guias nós somos.

Entendo que a pressão da sociedade é grande e que muitos, no desejo de agradar e de serem vistos como bons pais, não se dão conta de como estão agindo mais a favor do outro do que dos próprios filhos. Sei que a sociedade nos ameaça, inclusive! O que você já escutou dos outros sobre o que pode acontecer caso não eduque "bem" os seus filhos? O que alguns querem dizer com educar "bem" é "seguindo preceitos punitivos". Tenho certeza de que já ouviu coisas como "ele vai mandar em você", "você vai se arrepender depois", "ele vai te maltratar". Logo, logo vou apresentar o que a ciência nos diz sobre isso.

Quero mostrar que o caminho de respeito para com a criança não tem a ver com autoridade que domina, controla, abusa e disputa poder com a criança. Nosso papel como adultos no caminho de respeito para com a criança é ser guia, mediar, conduzir, margear. Saiba que, ao contornar e ao margear a criança, oferecemos limites seguros e gentis sem criar barreiras – assim como a margem oferece limites para o rio. Adoro usar essa metáfora da margem e do rio para entendermos melhor nosso papel com as crianças ao escolhermos educá-las com respeito. Feche os olhos e imagine um rio percorrendo seu curso fluido, livre de impedimentos. A margem apenas conduz, orienta, guia. Com flexibilidade, ela vai conduzindo o rio até que ele esteja pronto para desaguar no mar. Como seria se você assumisse essa postura na educação dos seus filhos? Como seria se permitir ser mais margem e menos barreira? Ou como seria ser mais margem e menos ausência?

Para encerrar este capítulo, quero compartilhar interessantes achados científicos sobre o impacto de ter pais que oferecem limites seguros e gentis para as crianças. Os pais margens – como eu gosto de dizer – são chamados na literatura científica de pais com o estilo parental democrático (Baumrind, 1966; Baumrind, 1967). Esses pais lidam com os filhos de maneira equilibrada, são altamente responsivos às necessidades físicas e emocionais da criança e sabem orientá-las para os limites necessários de forma clara, assertiva e alinhada com as expectativas. Incentivam a independência da criança dentro de limites razoáveis e utilizam mais práticas positivas do que punições. Eles também buscam se comunicar de forma respeitosa, estão abertos a negociar e estabelecer diálogos com as crianças, promovendo um ambiente de respeito mútuo com o que chamamos de estilo parental democrático, ou seja, afetuoso.

O estudo de Liu, Hughes e Baumbach (2021) examinou a associação entre o estilo parental de mães e pais de adultos na meia-idade e na idade adulta que são cuidadores de seus pais e os resultados de saúde mental relacionados a esse cuidado. Entre os cuidadores que cuidavam dos pais, aqueles que tiveram mães com estilo parental de alto afeto na infância experimentaram menor nível de sofrimento emocional na meia-idade e na idade adulta tardia. Aqueles cuidadores que tiveram pais com alto afeto na infância experimentaram menor nível de sintomas depressivos na meia-idade e na idade adulta tardia.

Nesse mesmo sentido, um estudo realizado por pesquisadores da Peking University (Ding e He, 2022) constatou associações significativas entre os estilos parentais praticados na infância pelos pais da população investigada e múltiplas dimensões da saúde na vida adulta desses participantes. Ter tido pais do estilo democrático na infância foi associado a um melhor estado de saúde física e mental na vida adulta em comparação com aqueles participantes que tiveram pais com estilos autoritário ou negligente. Uma das análises desse estudo também mostrou que o afeto recebido pelos pais estava associado a uma melhor autoavaliação da saúde e função cognitiva e menos sintomas depressivos na vida adulta, enquanto o autoritarismo dos pais foi associado a pior autoavaliação de saúde e estado de saúde mental dos participantes.

Voltando à metáfora do rio, não é difícil imaginar que, se o rio não tivesse margem, ele não saberia por qual caminho seguir, certo? Assim é o outro extremo nas relações parentais: a permissividade. No campo da permissividade está o adulto com dificuldade de direcionar a criança, de guiar, de mediar, quando ela precisa desse margeamento. Veja, permissividade é diferente de ser flexível, de ser gentil e de ser respeitoso. Permissividade é a ausência da confiança do adulto em si mesmo e do seu papel fundamental na vida da criança. Permissividade é o adulto não conhecer seus próprios limites e, não os conhecendo, não saber comunicá-los. Permissividade é um envolvimento passivo, no qual o contorno parental (tanto nos limites quanto na presença para o acolhimento, por exemplo) não está presente. É muito comum que as pessoas confundam educação com respeito com permissividade, mas espero estar deixando muito claro que, na realidade, são coisas bem diferentes.

Vale dizer também que todos nós, durante nossa jornada parental, vamos caminhar pelos diferentes estilos parentais. Em alguns momentos seremos autoritários; em outros, permissivos. Isso acontece porque somos humanos e a forma como lidamos com nossos filhos sofre influência do nosso estado emocional, das nossas condições socioeconômicas e de várias circunstâncias da vida em geral. Nossa busca, para todos nós que desejamos educar nossos filhos com respeito, será o caminho do meio.

Nosso desejo e esforço é para estar no estilo parental democrático a maior parte dos dias, o maior número de vezes possível. Por isso, tomamos essa consciência para que, ao sairmos dos trilhos do caminho do equilíbrio, possamos retomá-lo o mais rápido possível. Nem sempre será fácil, mas tentar já é um caminho.

Posso comparar meu filho com outras crianças para encorajá-lo a fazer algo melhor?

É muito comum usarmos ou vermos os adultos usarem comparações para estimular a criança a fazer algo, comentando coisas como: "fulano come muito bem", "tal coleguinha da escola se comporta" e "o primo é calmo e não faz birra". Poderia citar, aqui, milhões de exemplos de comparações que fazemos com a criança em relação ao seu comportamento, usando como referência outra criança próxima, alguém da família ou um amiguinho da escola, principalmente.

A comparação frequente de uma criança com outras interfere no seu senso de autoaceitação. O que ela vai pensar sobre si mesma? Que não é boa o suficiente: "não importa o que eu faça, não vão gostar de mim se eu não for igual ao fulano". Como ela não é igual ao outro, entende que não é boa o suficiente, ou seja, quem ela é – a melhor versão dela – não é suficiente para ser amada. Não há nada mais encorajador do que ser aceito e amado como somos! Nosso papel é ajudar a criança a se aceitar como ela é, buscando melhorar, aprender, fazer diferente, evoluir e ajustar o que for necessário, mas se aceitando e se amando com todos os seus aspectos, positivos e negativos.

Como a educação com respeito impactou a minha vida

Minha conexão com meu filho mudou radicalmente desde que comecei a usar a educação com respeito em casa, quando comecei a te seguir. Meu filho tinha uns 4 anos e eu era mãe solo, cansada, sempre usando recursos como "cantinho do pensamento", ameaças e a crença de que "criança não tem que querer" ou que ele deve me respeitar porque sou adulta e pronto. Desde que comecei a ter mais empatia e respeito, notei que ficou muito mais fácil conduzir o comportamento dele. Os conflitos diminuíram em casa e notei que ele foi se tornando uma criança empoderada, que conhece e respeita os próprios limites! Quando perco o controle e ele me diz "mamãe, você tá muito nervosa comigo, quando você fica assim eu fico com medo" me dá TANTO orgulho. Porque era isso que eu sentia com meus pais, mas não podia ou nem sabia impor meus limites. A educação com respeito fez meu filho confiar em mim, ele me procura quando erra também e isso é muito gratificante. Em momentos de tensão, quando ele escuta de mim "entendo que você está bravo com isso, situações assim também me deixam zangada", até a expressão corporal dele muda. Vejo a expressão dele mudar, acho que ele se sente acolhido! Enfim, nossa conexão mãe e filho agora é muito mais profunda e não tenho dúvidas de que ele será um ser humano bom e empático!

CAPÍTULO 4

Entendendo os comportamentos das crianças e as nossas reações diante deles

Sempre gostei de dizer que é comum que as pessoas saibam quando se espera (aproximadamente) que a criança desenvolva a habilidade de andar. A maioria das pessoas dirá que é entre 12 e 18 meses, e é por aí mesmo. Mas, se perguntarmos: "como e quando se dá o desenvolvimento da habilidade de regulação emocional na infância?". A maioria das pessoas não saberá. Temos um conhecimento leigo sobre desenvolvimento motor infantil, mas pouco sabemos sobre o desenvolvimento emocional e cognitivo da criança – que está diretamente ligado às questões comportamentais. Esse é um dos fatores pelos quais julgamos tantos comportamentos das crianças como inadequados quando, na verdade, eles fazem parte do processo de desenvolvimento.

Por exemplo, ninguém espera que uma criança de 6 meses ande, mas muitas pessoas esperam que uma criança de 2 anos saiba lidar com emoções, como frustração e medo, simplesmente porque não têm conhecimento sobre o real desenvolvimento emocional e cognitivo de uma criança. Supõe-se, criam-se crenças e exigências irreais para com as crianças. Desrespeitam-se as crianças por não cumprirem com expectativas adultas. Desrespeitam-se as crianças por não cumprirem com padrões equivocadamente esperados relacionados ao seu desenvolvimento socioemocional.

Para ter mais clareza sobre alguns dos aspectos relacionados ao desenvolvimento cognitivo, socioemocional e do comportamento infantil, é preciso ter em mente algumas informações e, por isso, as compartilho aqui.

O cérebro humano necessita das duas primeiras décadas de vida para se desenvolver a níveis adultos. Durante esse tempo, as diferentes regiões do cérebro se desenvolvem em ritmos diferentes. Junto dessas mudanças localizadas, as conexões entre as regiões cerebrais também se desenvolvem gradualmente ao longo da infância e da adolescência.

A última região do cérebro a se desenvolver é o córtex pré-frontal, um centro de controle sofisticado e extremamente complexo que apresenta conexões com múltiplas regiões cerebrais. As chamadas funções executivas são desenvolvidas e coordenadas principalmente lá. Nós desenvolvemos as habilidades relacionadas às funções executivas desde a primeira infância (0 a 6 anos) até a idade adulta jovem, aproximadamente 25 anos de idade. O período de 0 a 6 anos é muito significativo para o desenvolvimento dessas habilidades.

Então, o desenvolvimento do córtex pré-frontal e, consequentemente, das habilidades de funções executivas é que nos permite a tomada de decisões, compreensão, memorização, repressão ou inibição de ações, como:

- Controlar os impulsos e gerenciar emoções.
- Concentrar a atenção, organizar informações complexas e colocá-las em prática.
- Guardar informações à medida que experimentamos ou fazemos coisas, uma habilidade cognitiva conhecida como memória de trabalho.

O que tudo isso significa? Na prática, quer dizer que um bom funcionamento executivo permite ao indivíduo refletir antes de agir, trabalhar diferentes ideias mentalmente, solucionar desafios inesperados, pensar sob diferentes ângulos, reconsiderar opiniões e evitar distrações. Assim, essas habilidades são fundamentais para tomar decisões, viver e pensar com autonomia, e evitam a realização de ações com consequências indesejáveis, tanto no trabalho e na escola como no relacionamento com familiares e amigos (Comitê Científico do Núcleo Ciência pela Infância, 2016). Diamond (2013), em importante estudo na área da neurociência cognitiva, traz uma compreensão detalhada de como as funções executivas se desenvolvem na infância e são cruciais para o funcionamento diário. Essas habilidades são essenciais não apenas para a aprendizagem acadêmica, mas também para o gerenciamento das emoções e comportamentos sociais.

Percebe como frequentemente exigimos e esperamos que as crianças já estejam com as habilidades relacionadas às funções executivas praticamente desde o dia em que nascem? Eu sei, talvez eu tenha exagerado um pouco ao dizer "desde o dia em que nascem", mas você concorda que realmente temos uma expectativa muito equivocada em relação à forma como a criança toma decisões, se comporta e lida com suas emoções?

Exigimos maturidade emocional, maturidade na tomada de decisões, maturidade no controle de ações, maturidade na atenção e na memória. Exigimos condições de maturação que ainda não são possíveis para elas. Sabemos o quanto as crianças são capazes e inteligentes, mas também precisamos tomar consciência de que certas habilidades são desenvolvidas com o tempo, com a prática, com o treinamento, com as oportunidades e, principalmente, com o apoio dos adultos que se relacionam com elas.

Quantas vezes as punimos por não cumprirem com essas nossas expectativas irreais e equivocadas? Entendo que essa expectativa irreal é um dos fatores que contribui para que nós, adultos, percamos a paciência, gritemos e ajamos com desrespeito com as crianças. Por isso, faço questão de compartilhar esse conhecimento. Espero, de coração, que ele ajude você a enxergar as crianças por outros ângulos e que isso também sirva de apoio em seu processo de transformação.

Em relação às emoções das crianças, quero dividir com você mais algumas informações importantes. Sabe-se que os pais são os principais socializadores da regulação emocional de suas crianças, isto é, os pais modelam, são o principal modelo, a principal referência para as crianças em relação às estratégias de regulação emocional a partir da forma como lidam com as próprias emoções. Quando os adultos observam e cuidam das emoções e das reações diante delas, acabam por impulsionar positivamente a socialização emocional das crianças – o processo pelo qual as crianças aprendem a entender, expressar e regular suas emoções (Peisch et al., 2019; Hajal e Paley, 2020). No estudo de Meyer et al. (2014), os pesquisadores destacaram como as crenças específicas dos pais sobre as emoções (por exemplo, ver as emoções como importantes e valiosas) influenciam diretamente na forma como eles abordam a educação emocional das crianças. Isso reforça que incentivar atitudes positivas em relação às emoções nos pais pode ser uma estratégia muito eficaz para melhorar a regulação emocional das crianças.

Resumindo: são os pais, principalmente, que educam os filhos sobre o valor das emoções e suas possíveis estratégias para lidar com elas e fazer as adequações necessárias a partir delas. Vou dar um exemplo prático para ficar ainda mais claro: quando uma criança chega em casa com a calça rasgada depois de cair no parquinho, os pais podem demonstrar preocupação por meio da expressão facial – é natural que a gente se assuste, se sinta preocupado ou até mesmo frustrado (expressividade emocional) – e, ao ponderar suas reações, lidar de forma empática com as emoções da criança em relação ao que aconteceu (ou seja, acolher as emoções da criança, que pode estar chateada, triste, frustrada), nomear cooperativamente a emoção (ajudar a criança a identificar o que está sentindo, trazendo o nome da emoção, apoia a criança no processo de conhecer as emoções e lidar com elas – regulação emocional) e, por fim, pensar na melhor estratégia para modular a forma de expressão daquela emoção da criança, ou seja, conversar com a criança sobre opções saudáveis e respeitosas com ela mesma, com os outros e com o ambiente para colocar aquela emoção para fora.

Percebo que, nesse processo de ensinar a criança a lidar com as emoções de maneira saudável, por vezes nos questionamos se ela deveria já estar correspondendo a esse aprendizado, certo? Indagamos: "eu já ensinei, por que ela não aprendeu ainda?"; passamos até a achar que estamos fazendo algo errado, que a forma como estamos ensinando não está sendo boa o suficiente. Ou aparece alguém para dizer que a criança não sabe lidar com as emoções justamente porque estamos conduzindo os momentos emocionalmente desafiadores da criança daquela forma (empática, acolhedora, mediadora). A verdade é que esse processo pelo qual as crianças aprendem a entender, expressar e regular as emoções não acontece da noite para o dia. Não é imediato e precisa de tempo, de repetição, de espaço para ser introjetado e amadurecido pela criança. É à medida que as crianças vão amadurecendo que suas habilidades de regulação emocional se tornam progressivamente internalizadas; é na segunda infância, definida como o período entre 6 e 12 anos, que as crianças progridem notavelmente em seu desenvolvimento emocional (Holodynski, 2013).

Não posso deixar de ressaltar que essa progressão do desenvolvimento emocional não significa que as crianças saberão lidar "perfeitamente" com as emoções na segunda infância e na adolescência. Precisamos lembrar que a perfeição não é uma meta real e muito menos saudável.

Quero aproveitar este momento para pontuar alguns comportamentos infantis considerados socialmente inadequados, mas que fazem parte da infância, já que as crianças ainda estão nesse percurso de aprendizado e maturação das habilidades relacionadas às funções executivas, além de estarem experimentando sua individualidade, seus desejos, necessidades e emoções.

- Chorar quando estão com fome, cansadas ou desconfortáveis.
- Explorar o ambiente, tocando e pegando objetos.
- Imitar os adultos.
- Resistir a fazer algo que não querem, como vestir uma roupa ou tomar banho.
- Sentir-se frustradas quando não conseguem o que querem.
- Fazer perguntas incessantes para obter informações.
- Ficar irritadas ou frustradas quando não conseguem realizar uma tarefa.
- Resistir a compartilhar seus brinquedos com outras crianças.

- Apresentar dificuldades em compartilhar atenção com outras crianças.
- Exibir comportamentos competitivos em jogos e brincadeiras.
- Ter dificuldades de lidar com a frustração e expressar raiva ou agressão.
- Experimentar diferentes emoções, como tristeza, alegria, raiva e medo.
- Agir com impulsividade.
- Querer tudo para si, agir com egocentrismo.
- Desejar as coisas no seu próprio tempo – imediatismo.
- Falar alto, correr, pular e explorar ambientes intensamente.
- Desejar brincar sem parar.
- Não querer arrumar brinquedos e outros pertences.
- Nem sempre fazer as coisas na hora que o adulto quer.

> Todas essas atividades – mas não somente elas – são comuns às crianças ainda em desenvolvimento. Exigir que elas ajam diferente é desrespeitá-las e não entender que elas ainda não compreedem o que faz sentido para nós, adultos.

Precisamos, como adultos, compreender que o comportamento da criança não é um recurso de manipulação, de troca, de punição ou de favores para nós mesmos. Os comportamentos não existem para nos provocar ou para nos testar. Ao contrário, são expressões internas e externas, elaborações primitivas ou até mesmo maduras do que se passa no mundo interior de um ser humano. Comportamentos são sinais, pedidos, maneiras de se comunicar, de dizer sobre necessidades físicas, sensoriais, emocionais, sociais.

Quando vemos o comportamento da criança, estamos, na verdade, vendo a pontinha do iceberg. Você sabia que a parte visível (que está acima da água) de um iceberg é apenas 10% do seu volume total? Pois então, quando pensamos em comportamento, podemos usar uma analogia perfeita com o iceberg. Por debaixo da água existem 90% de iceberg que não se vê. Por trás dos comportamentos existem pedidos, necessidades, buscas que, a princípio, não vemos, porque estamos focados nos 10% que enxergamos.

Aprendemos que, se um comportamento é inadequado, devemos agir para interrompê-lo, modificá-lo. Porém, se não mergulharmos profundamente na água, não veremos o restante do iceberg. A punição, em suas diversas formas, busca apenas interromper um comportamento e frequentemente dá aos adultos a sensação de que é a forma correta a seguir, já que a criança, por medo ou insegurança, por ter recebido uma ameaça, muda o seu comportamento de imediato. Contudo, além de trazer diversos malefícios, a punição não ensina a criança sobre si mesma e sobre seus comportamentos e emoções, assim como também não ajuda o adulto a buscar em si mesmo, nos seus exemplos e desafios, o que poderia fazer de diferente e que certamente repercutiria positivamente no comportamento da criança. A punição não respeita o tempo de maturação dos processos da criança. A punição só serve ao adulto.

Estudos científicos (Harms, Leitzke e Pollak, 2019; Gruhn e Compas, 2020) já mostraram que maus-tratos infantis (lembra que, no Capítulo 2, mencionei os tipos de maus-tratos?) interferem negativamente no processo tido como esperado para o desenvolvimento das emoções, provocando alterações na percepção, no reconhecimento e na atenção às emoções, na expressão emocional, na regulação de emoções negativas e estresse e no processamento de recompensa.

> Por trás de todo comportamento existe uma necessidade.
> MARSHALL ROSENBERG

Marshall Rosenberg, psicólogo que sistematizou a comunicação não violenta, dizia que "por trás de toda ação, existe uma necessidade humana universal", ou seja, as necessidades são as motivações que nos levam a fazer, falar e escolher algo. Elas também são humanas e universais; independentemente de idade, gênero, classe social, tempo ou lugar, todos possuem as mesmas necessidades. É muito nítido que as crianças encontrem nos seus comportamentos uma forma de nos comunicar suas necessidades. Quando entendemos que por trás dos comportamentos das crianças existe uma necessidade humana universal, fica mais fácil compreender a motivação delas e, assim, agimos com mais empatia. As necessidades podem ser fisiológicas, como fome e sono, ou emocionais, como confiança, afeto, conexão e aceitação.

É comum vermos as pessoas dizerem: "essa criança está fazendo isso para chamar sua atenção". Sabe, se ela está tendo necessidade de atenção, sim, ela vai encontrar uma forma de dizer isso através do seu comportamento. E aí, ao contrário do que aprendemos durante anos e anos, o caminho respeitoso é de atender, sim, às necessidades da criança, porque necessidades são, como eu disse anteriormente, humanas. Todos nós temos necessidade de atenção, não é mesmo? Por que negamos às crianças a atenção de que precisam quando elas nos pedem? Entendo que o comportamento, o modo como nos pedem atenção, muitas vezes é desafiador. Nesses casos, não vamos deixar de dar atenção, não vamos ignorar.

Vamos mostrar para a criança que estamos atentos a ela. Vamos dar a atenção de que ela precisa e ensinar formas respeitosas de pedir essa atenção das próximas vezes. Por falta de maturidade, não saber fazer seus pedidos e mostrar suas necessidades de maneiras "gentis", a criança demonstra suas necessidades em formas de desafios para nós. Cabe a nós, adultos, tentar decifrar esses pedidos, responder a eles e, como eu disse anteriormente, ser margem, ser guia, ser exemplo positivo para os comportamentos.

Além dessa compreensão sobre as necessidades humanas básicas, para sabermos melhor como lidar com os comportamentos das crianças, falta a nós, adultos, todo esse conhecimento importantíssimo sobre o desenvolvimento cerebral na infância ao qual você está tendo acesso aqui neste livro. Esse conhecimento deveria ser repassado a todos, assim como conhecimentos sobre parto, cuidados com recém-nascidos e amamentação são ensinados. O conhecimento sobre o desenvolvimento do cérebro na infância é, na minha percepção, um fator que pode proteger as crianças de serem tão desrespeitadas. Uma vez que os adultos compreendem o funcionamento do cérebro, acredito haver mais empatia e entendimento dos processos emocionais e comportamentais das crianças, gerando maior respeito e maneiras mais positivas de lidar com elas.

À medida que mergulhamos no conhecimento sobre desenvolvimento e comportamento infantil, vamos ampliando nossa consciência e saindo daquele estado de imediatismo para lidar com as crianças. O conhecimento liberta, não é mesmo? Os nossos olhares vão se ampliando e vamos nos dando conta de que educar com respeito refere-se muito mais a mudar o nosso olhar, mudar as nossas atitudes e reações do que mudar a criança.

O movimento de respeito nas relações com as crianças passa também pela consciência de que a mudança ocorre de dentro para fora. Antes de tomarmos essa consciência, é provável que estivéssemos sempre buscando respostas do motivo pelo qual os nossos filhos estão agindo como estão agindo. Quantas vezes achamos que a criança estava causando aquela raiva em nós? Quantas vezes achamos que a criança era a responsável por perdermos o controle? Por exemplo, se estamos dizendo algo para a criança e ela não nos escuta, pois está focada nos seus afazeres ou até mesmo parece ignorar o que estamos dizendo, sentimos raiva, frustração, impotência. Pensamos: "Como pode ser que essa criança não me escute? É por isso que eu fico brava desse jeito. Se ela me escutasse, eu não ficaria assim". É mais fácil, num primeiro instante, não nos observarmos e não olharmos para as nossas questões e dificuldades. Mas aí perdemos a incrível chance de amadurecer. Perdemos a oportunidade de sermos pais e seres humanos melhores e de vermos nossos filhos como parceiros do nosso processo de evolução humana.

Quando nossa pergunta deixar de ser: "O que eu faço para o comportamento do meu filho mudar?" e passar a ser: "O que esse comportamento do meu filho diz sobre mim? Que oportunidade de evolução e amadurecimento ele me traz?", aí, sim, daremos passos à frente numa mudança mais significativa. Quando nossa pergunta deixar de ser: "Quando eu posso começar a aplicar a educação com respeito com o meu filho?" e passar a ser: "Quando eu estarei disponível para deixar para trás os meus antigos padrões de educação?", aí, sim, daremos passos à frente numa mudança mais profunda. Quando entendermos que o que muda é o nosso olhar, a nossa postura, a nossa forma de reagir, aí, sim, mergulharemos nessa transformação.

Em algumas situações, também ao mergulharmos na história de infância dos pais, percebemos que os comportamentos dos filhos estão dando uma chance aos pais de se libertarem das exigências equivocadas ou de desrespeitos que sofreram na própria infância. Como no caso da Maria, que me relatava que o seu filho Romeo, de 5 anos, quando ficava chateado ou frustrado, encontrava no grito a maneira de expor seus sentimentos. Isso a incomodava. Quando acontecia, ela conseguia acolher a emoção, mas também trazia para ele seus limites sobre os gritos. Verbalizava que não era respeitoso com ela que ele gritasse daquela forma e tentava ajudá-lo de outras maneiras. Ela compreendia que ele, como criança de 5 anos, ainda não tinha o cérebro maduro para se autorregular sozinho e estava disponível para corregulá-lo. Enquanto conversávamos, ela me pedia sugestões de como ensinar a ele outros recursos que não o grito. Ao abordarmos a sua história de infância, Maria me contou que, quando era criança, sentia muita necessidade de gritar, mas, diferente de como ela reage com o filho Romeo, os pais dela a trancavam no quarto e a deixavam sozinha quando ela estava tendo uma explosão emocional. Com o cérebro ainda imaturo, ela não tinha condições de lidar com sua explosão e também teria de lidar com a falta dos adultos que deveriam estar ali margeando ela, sendo correguladores e fornecendo-lhe segurança física e emocional.

Interessante foi percebermos juntas que Romeo talvez não precisasse de outro recurso para extravasar. Talvez, assim como Maria na infância, Romeo também só precisasse de segurança física e emocional. Talvez ele precisasse de ajuda da mãe para direcionar o grito para um objeto ou num espaço onde ele colocaria suas emoções sem desrespeitar o outro. Quem sabe gritar num travesseiro? Quem sabe, dentro do box do banheiro, gritar à vontade até se sentir melhor? Com o apoio de sua mãe Maria, não no sentido de receber o grito, mas no sentido de "estou aqui com você, pode colocar suas emoções pra fora, pode se expressar, é seguro sentir". Maria, por outro lado, estava sendo convidada, por essa situação com o filho, a se permitir também se expressar diante das emoções. Sugeri a ela que, quando sentisse raiva ou frustração e tivesse vontade de gritar, que o fizesse num espaço e contexto seguro para ela e para os outros. Ou seja, ela seria também exemplo para Romeo. Que fique bem claro que o caminho pensado não consistia em gritar com alguém. Isso não seria respeitoso. Respeito envolve o outro também. Ela acolheu nossa conversa com os olhos cheios de lágrimas. Disse o quanto havia pensado, nos últimos tempos, que precisava mudar a forma de se expressar do filho, quando, na verdade, o que ela e ele precisavam aprender não era outra forma de se expressar, mas sim acolher o jeitinho deles, modulando a forma como a expressão da emoção se externaliza, mais uma vez reforçando, sendo respeitoso consigo mesmo e com os outros. O exemplo ensina. A forma como nos autorregulamos será aprendida pelos nossos filhos. Eles nos observam e aprendem conosco.

As crianças são a nossa chance de nos autoeducar. Pode confiar, elas estão de mãos dadas conosco, a nosso favor. A favor do nosso crescimento. Quando elas se comportam de maneira que ativa em nós raiva, frustração, perda de controle, medo, insegurança, precisamos olhar para dentro, em primeiro lugar, e nos perguntar: o que estou sentindo? Que emoção é essa? Será que me recordo de algum outro momento na minha vida em que também me senti assim? Quantos anos eu tinha? O que concluí sobre mim naquele momento? O que concluí sobre o outro, sobre a vida? Essas perguntas não são uma fórmula mágica. Nem mesmo uma regra. Nesse mesmo movimento de se questionar, vamos tentar refletir sobre o momento de vida da criança. O que se espera nessa fase que ela está vivendo? Será que houve alguma mudança, alguma questão que possa estar influenciando o seu comportamento? Será que ela já tem maturidade para agir de outra forma? Tudo isso pode nos ajudar a lidar com o comportamento da criança de forma mais empática, mais respeitosa e menos reativa.

Talvez Romeo estivesse gritando sem direcionamento nas suas explosões emocionais porque estava aprendendo com um adulto, ou porque sua maturidade emocional ainda não o permitia fazer diferente. Talvez porque ele precisasse mostrar sua necessidade de ser escutado. Não importa se o comportamento desafiador dos nossos filhos acontece por um motivo externo ou interno, ele precisa do nosso acolhimento, da nossa compreensão e, algumas vezes, do nosso margeamento.

Preciso dizer também que é bem provável que, ao analisarmos a questão mais a fundo, sintamos dor, como Maria, que se lembrou de como se sentia abandonada e confusa quando ficava presa no quarto sozinha enquanto explodia emocionalmente com o seu cérebro imaturo. Nós, hoje, adultos, somos capazes de transformar essa dor em potência para sermos pais mais conscientes e que buscam não depositar sobre os filhos as nossas mazelas. Somos capazes de acolher as nossas dores mais profundas e lidar com elas. Somos capazes de resolver nossas questões não resolvidas e ser pais adultos. Não é fácil. Mas pode ser extremamente libertador. Libertamos nossos filhos para que sejam quem realmente são e libertamos a nós mesmos.

Libertar os nossos filhos para serem quem são não significa aceitar passivamente os comportamentos que não respeitam a eles mesmos ou a nós. Não significa que não vamos contornar, orientar, mediar ou guiar. Lembra? Trata-se de ser margem, e não de ser negligente ou ausente nos limites necessários. Não exigir perfeição. Não fazer projeções exigindo que eles sejam quem gostaríamos de ter sido ou quem alguém gostaria que nós tivéssemos sido. Trata-se de se auto-observar.

Ao tirarmos as vendas dos olhos e vermos a criança como ela realmente é, não seremos mais os mesmos pais, os mesmos educadores. Não é possível "desver".

Passaremos a compreender melhor o que realmente nossas crianças precisam que façamos por elas enquanto pais e educadores, como as margens que contornam o rio, desde a nascente até que ele desague no mar. Passaremos a enxergar com mais clareza suas necessidades, seus processos de desenvolvimento e seus desafios. Passaremos a acreditar que elas se comunicam conosco por meio do seu comportamento e das suas emoções. Passaremos a confiar que elas compreendem o que dizemos mesmo quando ainda não falam. E, por fim, conseguiremos acreditar que todas as crianças merecem respeito e dignidade como qualquer um de nós.

Não mais enxergaremos a criança que as gerações anteriores enxergavam. Contudo, é natural que, apesar de toda a mudança de olhar e de compreensão, ainda não saibamos agir e nos relacionar com essa "nova criança" no nosso "novo lugar". Como lidar com os desafios, com os limites e com as necessidades? Como apoiá-las diante das frustrações e das perdas? Como acompanhá-las diante dos erros e encorajá-las? Como colocar em prática esse novo olhar?

Não há uma resposta única para cada uma dessas questões, muito menos uma fórmula mágica. Existem possibilidades, e cada família, cada pai, cada mãe encontrará dentro de si a sua maneira, o seu jeito próprio para que esse novo olhar aconteça na vida real.

Será que meu filho é muito novo para entender quando explico coisas de forma respeitosa?

As crianças merecem ser olhadas e tratadas com respeito desde sempre, não importa a idade. Por volta de 4 meses de idade, o bebê reconhece o próprio nome e, entre 8 e 12 meses, já entende muitos comandos verbais. Desde antes de nascer as crianças têm interesse em nos escutar e em nos entender. O cérebro delas presta profunda atenção nas palavras e nos padrões dos sons da nossa voz. As crianças são totalmente capazes de observar a diferença nas nossas conduções punitivas ou respeitosas, aprendendo, assim, sobre elas, sobre nós e sobre o mundo. Mesmo quando ainda não sabem falar, elas vão nos responder com o olhar e com os seus movimentos. Não duvide da capacidade da criança de compreender uma ação respeitosa.

Como a educação com respeito impactou a minha vida

Foi um verdadeiro "abrir de olhos". Comecei questionando coisas simples do dia a dia que percebia que adultos naturalizavam no tratamento com as crianças, mas que eram desrespeitosas, depois analisei também os discursos das pessoas que já criaram seus filhos com suas dicas de criação violentas e também naturalizadas. Como professora, passei a analisar a minha postura com as crianças e com meu filho. A "virada de chave" foi quando gritei com meu filho, ainda um bebezinho, e ele me olhou, fez beicinho e os olhos dele mostraram decepção. Desse dia em diante, venho buscando conhecimento, me autoconhecendo, me acolhendo primeiro para conseguir acolher o meu filho, hoje com 3 aninhos. Busco também acolher os sentimentos dos meus alunos. Outra vida, de verdade, a relação respeitosa para mim iniciou de dentro, me acolhendo e me respeitando, e assim, todos os dias, buscando dar meu melhor a todas as crianças com as quais convivo.

A educação com respeito me fez entender que uma criança também é um indivíduo que precisa ter suas necessidades atendidas. Passei a olhar meus filhos e todas as crianças com outros olhos, vendo que por trás de todo comportamento existe uma demanda a ser atendida. Mudou a minha vida e a dos meus filhos e me transformou como pessoa, mesmo nos meus relacionamentos com outros adultos.

CAPÍTULO 5

Princípios que fazem toda a diferença na educação com respeito

Sentimentos devem ser validados, não ignorados

A criança cai, se machuca, mostra que está com dor e alguns adultos, no piloto automático, dizem: "Não precisa chorar, está tudo bem!".

A criança chega chateada da escola, um amigo amassou o seu desenho, ela expõe sua frustração e escuta dos adultos ao seu redor: "Ah, que bobagem, está tudo bem!".

Tudo isso, num primeiro momento, parece inocente. Não há maldade. A ideia do adulto é minimizar o sofrimento da criança, mostrar que certas situações não precisam ser levadas a sério. Mas será que não precisam mesmo? Será que o efeito alcançado é o mesmo que o intencionado?

Tudo indica que não. E, com a educação com respeito, você vai entender o porquê.

A falta de empatia, a falta de validação do que a criança está tentando demonstrar sinaliza para ela algo muito sério: "Não confie no que você está sentindo". Quando dizemos que o que ela está sentindo é diferente do que ela percebe, estamos interferindo negativamente em sua autopercepção sobre as próprias emoções. É como se estivéssemos dizendo que o que ela sente não é tão relevante, percebe? Assim, ao longo do tempo, a criança passa a desconfiar de suas emoções, podendo se sentir confusa: "Confio no que estou sentindo ou confio no que o adulto está me dizendo sobre o que estou sentindo?". É preciso estar alerta, já que somos os adultos de referência das nossas crianças. Nosso papel é apoiá-las na construção dessa confiança interna em si mesmas, no que elas estão sentindo, nas suas emoções.

Por isso, convido você a escutar o que a criança está dizendo e a acolher o sentimento dela, acolher o que ela está dizendo que está sentindo. Como fazer isso? Veja estes exemplos:

- *"Estou percebendo como você está se sentindo, vejo que é algo importante."*

- *"Isso é bem frustrante mesmo, sinto muito. Estou aqui para te apoiar, vamos atravessar isso juntos."*

Sei que, quando se trata do choro da criança, pode ser ainda mais desafiador acolher e validar o que ela está sentindo, pois, para muitos adultos, o choro infantil é desconfortável, e isso, em parte, se deve ao fato de que, enquanto fomos crianças, muitos de nós não recebemos acolhimento e validação. A maioria dos adultos de hoje, quando eram crianças e choravam, independentemente do motivo, ouvia: "não precisa chorar", "você é muito chorão", "você é uma menina muito sensível", "meninos não choram". Não é à toa que, hoje, muitos adultos, quando estão chorando, pedem desculpas, como se estivessem fazendo algo errado.

Não aprendemos a acolher nossos sentimentos e emoções, sentimos vergonha do nosso sentir e isso é absurdo, porque o sentir faz parte do ser humano – afinal de contas, não somos robôs, não é mesmo? É natural que, em decorrência dessa falta de acolhimento das nossas próprias emoções, quando nossos filhos choram, vários sentimentos possam nos atravessar, como preocupação com o que os outros vão pensar sobre a nossa parentalidade, receio do que os outros vão pensar dos nossos filhos, culpa e ansiedade.

Parte do desconforto que sentimos é uma espécie de instinto natural que é importante, inclusive, para não deixarmos a criança chorando sozinha, sem ser acolhida. Esse "instinto" é muito útil para nos dar o alerta de que precisamos cuidar da criança naquele momento. Contudo, a outra parte do desconforto, que nos deixa perdidos, sem ação e naquele vulcão de sentimentos de culpa, medo e ansiedade, vem da estranheza de lidar com o choro com calma. De repente, estamos apressados para que a criança pare logo de chorar. Entendendo isso, a cada vez que nossos filhos chorarem, podemos nos lembrar: "Não preciso ter pressa, não quero silenciar as emoções do meu filho, ninguém tem nada a ver com isso e ninguém tem o direito de me julgar ou julgar o meu filho". Podemos, ainda, dizer a nós mesmos: "Eu sou capaz de acolher o meu filho e dar a ele o espaço que ele precisa para se expressar. Eu sei que o choro é uma comunicação". E então respirar, sentir o nosso corpo, estar presente conosco para estar presente com os nossos filhos. Podemos experimentar alguma destas formas de dizer ou outra maneira acolhedora que vier no seu coração: "pode chorar, meu amor, estou aqui com você", "quero te apoiar", "chore o quanto você precisar", "pode colocar para fora".

Como a educação com respeito impactou a minha vida

Eu me sinto ainda tentando, num processo constante. É muito difícil não ter a sua criança interior curada, acolhida, compreendida no sentido dos seus traumas, principalmente, e ter de lidar com a criança que você gerou. Mas, com toda certeza, a possibilidade de tomar ciência e refletir sobre os processos de desenvolvimento de um pequeno ser humano muda tudo. Enxergar, por exemplo, a dita birra como uma comunicação, ver que, ao se jogar no chão chorando, a criança está dizendo alguma coisa, e não provocando você, muda completamente a maneira como vou tratar essa criança. Eu compreendendo, a situação pode até ter uma durabilidade menor, e a criança, se sentindo segura, se desenvolve sem medo de ser quem ela é. E é interessante quando consigo analisar que o choro dela me desestabiliza justamente porque eu não tive quem compreendesse a criança que fui. Sem culpar essa pessoa, mas consciente da mudança de ciclo, sigo me sentindo melhor, consequentemente, melhorando a relação com meus filhos.

Apego é vínculo e vínculo é ótimo

Sempre tem alguém para nos dizer "não faz isso que ele vai ficar mal-acostumado", como se amor demais fosse ruim. Mas amor nunca é demais. "Ah, o amor estraga". Não, o amor não estraga, ele nos faz sentir amados, seguros, importantes e confiantes. É natural e esperado que um bebê e uma criança dependam dos pais por um bom tempo, em inúmeras situações. Talvez você conheça a sensação de morar num lugar onde não há hospital 24 horas, onde você sabe que, se passar mal, não terá com quem contar. Essa é a sensação da criança que tem uma necessidade, pede ajuda e não é correspondida. Essa é a mesma sensação que nenhum de nós, adultos, gostaríamos de ter. Então, por que as crianças precisam ter?

Apego é um tipo de vínculo no qual o senso de segurança de alguém está estreitamente ligado à figura de apego. No relacionamento com a figura de apego, a segurança e o conforto experimentados na sua presença permitem que ele seja usado como uma "base segura", a partir da qual será possível explorar o resto do mundo (Bowlby, 1988).

A teoria do apego, criada pelo psiquiatra e psicanalista infantil John Bowlby, enfatiza que, em condições de sofrimento, os bebês pedem por conforto e segurança por meio de sinais como chorar e engatinhar em direção ao cuidador, informando aos adultos sobre suas necessidades. Isso acontece quando os cuidadores oferecem alívio imediato e apropriado, enquanto são constantes e continuamente responsivos aos cuidados e atentos aos comportamentos de pedidos da criança, oferecendo uma base de apego seguro para ela. Essa forma de se relacionar com a criança proporciona os suprimentos socioemocionais que ela usará mais tarde na vida para transitar no mundo social.

O estudo de Horton et al. (2015) discutiu como os bebês usam sinais, como chorar e mostrar desconforto físico, expressando a necessidade de conforto e segurança dos cuidadores em situações de sofrimento e de dor. Os pesquisadores mostraram que a resposta dos cuidadores aos sinais dos bebês pode afetar a capacidade da criança de regular a angústia, destacando a importância da sensibilidade dos cuidadores na resposta às necessidades expressas pelos bebês. Concluíram que uma resposta atenta e confortadora dos cuidadores para com os bebês pode ajudá-los a estabelecer um padrão de regulação emocional eficaz e promover o desenvolvimento de um vínculo de apego seguro entre o adulto e a criança.

"Se eu for vê-lo toda vez que ele chorar à noite, será que vai ficar mal-acostumado? Será que, se eu responder quando ele pedir ajuda, vai aprender a fazer as coisas sozinho?" Muitas vezes, os pais não respondem às necessidades da criança por medo de consequências que foram repetidas em discursos que nada se baseiam no que a ciência já nos mostrou sobre a infância. Esqueça esses discursos equivocados. Na hora certa, no tempo delas, no ritmo delas, as crianças estarão maduras o suficiente, seguras para seguir com mais independência. Lembre-se sempre disso: para ter independência, precisa-se, primeiro, passar pela dependência. Não dê crédito a opiniões alheias que tentam convencer você do contrário. Confie na sua intuição de que está tudo certo, continue respondendo, crie segurança e uma base de apego seguro.

Pesquisas científicas examinaram também a influência do apego seguro no desenvolvimento emocional e comportamental das crianças e documentaram que aquelas com um relacionamento de apego seguro exibem menos problemas emocionais e comportamentais, incluindo internalização (como ansiedade e depressão) e externalização (como agressividade e impulsividade). Da mesma forma, a literatura científica apoia a ideia de que crianças com apego seguro tendem a ter mais habilidades de competência social e relações interpessoais mais saudáveis. A segurança no apego promove habilidades sociais e emocionais que são fundamentais para amizades de qualidade e interações sociais positivas (Boldt et al., 2020; Groh et al., 2014).

Como a educação com respeito impactou a minha vida

A educação com respeito começou lá atrás, na minha relação com meus alunos, após te descobrir no Instagram. Comecei tentando compreendê-los melhor e respeitá--los mais como indivíduos, sobretudo ajustando minhas expectativas sobre aprendizagem. Agora sou mamãe de um bebê de 7 meses, e vejo o quanto a educação com

> respeito tem me ajudado nesses primeiros meses, tão desafiadores. Percebo que consigo me conectar muito com meu bebê, entendo que ele precisa de colinho, de mamazinho, de atenção e de amor, mesmo quando as pessoas de fora acham que ele faz por manha. Acho que tenho conseguido romper algumas barreiras da educação tradicional e percebo o quanto isso faz diferença no relacionamento da minha família.

Não leve o comportamento da criança para o lado pessoal

A sociedade nos ensina a levar o comportamento dos nossos filhos para o lado pessoal: "ele está fazendo isso para te testar", "ela está fazendo isso só para te provocar", "eles estão te manipulando" são frases que nós, pais, escutamos com frequência. Eu poderia incluir mais um monte de exemplos desse tipo; falas que soam como se a criança tivesse dentro de si um "botãozinho para atacar os pais". Não, crianças não têm esse botãozinho; elas estão aprendendo a conhecer a si mesmas e ao mundo e, nessa experiência de inúmeras descobertas, criam hipóteses, testam e checam se as hipóteses confirmam-se ou não. São pequenos cientistas. Pequenos cientistas do mundo, de si mesmas, do outro, da natureza, dos objetos, do ambiente... Entenda, não é diretamente com você. Não é para te atacar, te prometo.

Quando levamos os comportamentos da criança para o lado pessoal, isso vai se tornando uma ferida dentro de nós, que nos impede de nos conectarmos com o amor e com a nossa intuição, que jamais veriam a criança dessa forma. Vamos nos desconectando da criança cada vez mais. Quando reconhecemos que estamos levando para o lado pessoal e que estamos nos desconectando da criança, é necessário fazer uma nova escolha para buscar formas de nos reconectar com ela. Pode ser que estejamos levando para o lado pessoal porque aquele comportamento da criança dói. De repente, o que ela fez nos lembra de partes da nossa história que nos "custaram caro". Por isso, buscar o autoconhecimento para entender a nós mesmos e os nossos filhos é um caminho profundo e doloroso, mas, ao mesmo tempo, muito libertador.

Para entender melhor como isso funciona, convido você a fazer um exercício que vai ajudar a não levar o comportamento desafiador da criança para o lado pessoal: "soltar a corda" nas disputas de poder com a criança. Lembra a brincadeira do cabo de guerra? Quantas vezes estamos em cabo de guerra com a criança, tentando a todo custo ganhar, vencer, ter razão? Sabe, você não precisa disputar poder com o seu filho, porque você não precisa ganhar, você não precisa se sentir mais forte. Talvez o seu ego ferido pelas dores da sua infância esteja dizendo que você precisa aproveitar a oportunidade de ganhar e ter razão agora que é um adulto. Talvez, lá na sua infância, você não tenha tido vez e voz, e é natural que, como adulto, acredite inconscientemente que essa é a forma de se sentir importante.

Precisamos estar atentos à nossa postura. Às vezes, reagimos como se fôssemos outra criança. A criança, sim, não tem os recursos emocionais que nós temos. É preciso lembrar que somos os adultos da relação. Se percebermos que as situações com os nossos filhos nos dão acesso a gatilhos de traumas e desconfortos da nossa infância, buscamos ajuda. Não precisamos ser perfeitos, mas precisamos buscar ser atentos. Ao abrir mão das disputas de poder, conseguimos estabelecer uma comunicação com a criança na qual ninguém precisa ganhar, na qual, juntos, criamos soluções respeitosas para o bem de todos.

Como a educação com respeito impactou a minha vida

Foi a educação com respeito que me ajudou a ver meu filho como uma pessoa e não um robô que deveria fazer aquilo que eu esperasse que ele fizesse. Aprendi sobre desenvolvimento infantil, a entendê-lo melhor e a ter mais paciência com situações inesperadas. Aprendi a ter mais empatia e até mesmo a me conhecer melhor. Estou aprendendo a ser

> *mais respeitosa e acredito que isso vai fazer da nossa relação mais forte no futuro. A maternidade era muito, muito mais difícil e sofrida antes, fui aprendendo porque me achava uma péssima mãe e queria ser melhor... o maior presente foi passar a gostar mais de ser mãe e ter uma vida mais leve, ajustando expectativas.*
>
> *[A educação com respeito] Me ajuda a lembrar que minhas crianças estão em desenvolvimento ainda, que não têm capacidade de fazer ou agir de certa forma simplesmente por isso e não para "me afrontar", "me desafiar". Claro que é um exercício diário, nos dias mais desafiadores é difícil me lembrar disso, mas, enfim, aquela luzinha de respeito fica sempre ali piscando para nos lembrar. Ainda erro muito, na verdade, muitas vezes me sinto perdida, sem saber como agir.*

Não rotule a criança

Frequentemente, como punição, como expressão da nossa raiva e frustração, acabamos por rotular a criança. Só que as atitudes e comportamentos dela não podem determinar por completo a sua personalidade. Até mesmo rótulos tidos como positivos podem "prender" a criança naquele aspecto, fazendo com que ela se sinta amada e importante por ser como aquele rótulo diz e deixando-a insegura quando não conseguir ou não der conta de cumprir com aquela expectativa. A questão é que nós, seremos humanos, chegamos ao ponto de assumir papéis que nos são dados e construímos crenças fortes sobre nós mesmos. Quanto menos rótulos dermos aos nossos filhos, maior será a liberdade deles para serem quem realmente são e não quem nós ou os outros dizem que eles são.

> As crenças das pessoas sobre suas habilidades têm um grande efeito nessas capacidades.
> ALBERT BANDURA

Como a educação com respeito impactou a minha vida
[A educação com respeito] Me fez enxergar a beleza da infância, sabendo que todos os desafios irão levar ao desenvolvimento do ser humano mais importante da minha vida. A educação com respeito me fez enxergar o meu filho como merecedor do meu respeito, meu papel como guia.

As crianças não são sempre obedientes, nem devem ser

Embora desejem educar com respeito, muitos pais ainda esperam que as crianças sejam obedientes o tempo todo e que correspondam aos seus desejos e imposições sem nenhum tipo de reação (emocional ou verbal). Muitos pais não se dão conta de como a imposição (que é diferente de um limite gentil e firme) pode desenvolver nas crianças sentimentos negativos, como sensação de não pertencimento, revolta e submissão. Sei que muitos não fazem por mal; na maioria das vezes, é um padrão inconsciente que foi passado de geração em geração. Alguns acreditam que, se não exigirem obediência das crianças, perderão o controle. Contudo, a verdade é que, quanto mais opressão, mais desconexão, ou seja, mais distanciamento entre pais e filhos. A maioria de nós foi criada a partir dessa lógica e talvez não reconheçamos em nós mesmos o sentimento de não pertencimento, de revolta e de submissão. No entanto, a sociedade como um todo já fez uma revisão sobre isso nas relações adultas, pois entende-se que a submissão nos distancia de nos tornarmos seres humanos autônomos, proativos, seguros e confiantes em nós mesmos. Ao respeitarmos os nossos próprios limites, aprendemos a respeitar também os dos outros.

> Impor-se às crianças as torna perdedoras, e perder torna as crianças revoltadas ou submissas; nenhuma dessas características é desejável. Conquistar as crianças significa obter sua cooperação espontânea.
>
> JANE NELSEN

As crianças questionam por natureza... e sabe por que isso é bom?

Quando a criança questiona, está olhando para os próprios limites e se colocando – algo extremamente importante para a vida adulta. Isso não quer dizer que ela vai desrespeitar, não ter empatia com o outro e descumprir as regras.

Não faz sentido exigir "silêncio", "aceitação", "submissão" nos momentos em que as crianças trazem seus questionamentos. O fato de as crianças nos questionarem não significa que não vão cumprir as regras ou os limites necessários. Significa, na verdade, que elas querem ter voz, querem poder se manifestar, querem se sentir parte e pertencente aos ambientes nos quais estão inseridas. Geralmente recebe-se essa postura das crianças de maneira muito negativa, mas podemos nos lembrar das próximas vezes que um dos motivos pelos quais a criança questiona é por querer trazer um pouco de si para a sua própria realidade. Para isso, sugiro o exercício de perder o medo da desobediência e entender esses posicionamentos da criança como algo natural, que construirá o adulto que ela será no futuro: um adulto que sabe se posicionar, questionar, que não é submisso, que sabe olhar para os próprios limites. Que tal experimentar algumas destas sugestões?

- *Se a criança questionar uma regra estabelecida pela família*: você pode aproveitar a oportunidade para dialogar com a criança, explicando os motivos por trás da regra e demonstrando abertura para ouvir a perspectiva da criança. Por exemplo, se a criança questiona por que deve ir para a cama às 20h, explique a importância do sono para a saúde e o bem-estar, enquanto também ouve os sentimentos da criança sobre o horário de dormir. Vale também pedir à criança sugestões de como, juntos, vocês podem tornar esse momento mais leve para todos e, se for o caso, rever o horário determinado e ajustá-lo dentro dos limites que você entende como importantes.

- *Se a criança expressar opiniões divergentes da sua*: você pode acolher esses pontos de vista diferentes e incentivar a criança a explicar suas razões. Por exemplo, se a criança discorda da escolha de um filme para assistir em família, que tal abrir espaço para que ela compartilhe suas preferências e contribua para a decisão em conjunto? Aliás, esse é um ótimo exercício para todos nós aprendermos a lidar com respeito com opiniões diferentes das nossas.

Quando uma criança propõe uma ideia ou aborda um tema que pode parecer desafiador para os adultos, acolher essa oportunidade traz aprendizados mútuos e crescimento para ambas as partes. Se uma criança questiona conceitos complexos como justiça ou igualdade, abrir-se para explorar esses conceitos juntos pode incentivar a criança em aspectos como curiosidade, reflexão e senso crítico.

Quero reforçar que você não precisa temer negociar e estabelecer limites de forma colaborativa com a criança, ouvindo-a, considerando suas emoções e suas necessidades. Isso não faz de você um adulto permissivo, "fraco" ou "mole". Sua autoridade não ficará abalada. Você apenas estará apoiando outro ser humano a participar de processos importantes e significativos para a vida dele e ajudando-o a desenvolver habilidades importantes, como resolução de problemas, escuta ativa e empatia.

Confie que é possível que exista esse espaço de diálogo com a criança. Não adianta querer estar nesse caminho de educar com respeito, afeto e conexão e não dar à criança essa oportunidade. Talvez tenhamos dificuldade de dar espaço e voz à criança porque ainda temos muitas expectativas de que a criança faça tudo que queremos, do jeito que queremos, na hora que queremos. Temos dificuldade de lidar com a nossa própria frustração de não sermos atendidos; assim, esperamos que elas não se manifestem, que não digam que não querem, que não façam birra e que não argumentem. É preciso olhar para o que o não das crianças desperta em nós. Talvez seja algo como raiva, sensação de sermos pais ruins, de estarmos perdendo o controle, medo de como a criança será no futuro. A partir desses sentimentos, vamos construindo crenças sobre as crianças, como: é birrenta, é manhosa, é sem educação, é desatenta, é desafiadora.

Alheios à nossa dificuldade de dar espaço e voz para as crianças, corremos o risco de tomar decisões sobre o que fazer para que isso – a manifestação oposta ao que queremos – não se repita mais. Assim, lá vamos nós para o caminho de autoritarismo e punição novamente, porque não sabemos lidar com a criança não atendendo à nossa expectativa. Aliás, não só a nossa expectativa. A dos outros também. Quantas vezes punimos nossos filhos para corresponder às expectativas dos outros que nos julgam e julgam as crianças? Percebe o ciclo de expectativa surreal no qual mergulhamos?

Sejamos fiéis aos nossos filhos. Vamos dar espaço para nós mesmos desagradarmos os outros. Aquilo que não foi possível fazer na nossa infância. Nosso dever é com nossos filhos, em primeiro lugar. Claro que existem regras e acordos pessoais e sociais importantes, e vamos prezar por ensiná-los às crianças, mas faremos isso de maneira respeitosa, apoiando a criança a usar a sua capacidade de cooperação.

Quando queremos fazer a criança obedecer e não a envolvemos no processo, apenas tomamos decisões sem uma escuta empática das suas necessidades e sentimentos. Consideramos apenas o que é importante para nós e usamos ferramentas e estratégias que não estimulam o autoconhecimento da criança, que acaba não entrando em contato com o que é importante para ela, podendo até entrar em um processo automático de responder e corresponder apenas ao desejo do outro para agradá-lo. "Preciso ser obediente porque isso agrada e, para eu ser amada, preciso agradar."

Por outro lado, enquanto trabalhamos em cooperação, a criança é estimulada a pensar, por exemplo: "por que preciso fazer as coisas?", "será que isso é importante para mim também?". Se, na obediência, o "por que" fazer é para agradar o outro, porque o outro me pediu, o outro só vai me amar se eu fizer e, se eu não fizer, não vou ser amado ou vou receber uma punição, na cooperação vamos além. Na cooperação, "eu faço porque entendo que isso realmente é importante para a minha vida, para as pessoas ao meu redor, para a minha família e para a minha casa". Através da cooperação, conseguimos apoiar a criança a desenvolver autodisciplina e autorresponsabilidade. Quando estamos presos na obediência, se o adulto não estiver lá para cobrar a criança, ela não vai fazer, porque não desenvolveu dentro dela autodisciplina e autorresponsabilidade. Ao valorizarmos a cooperação, a criança faz mesmo que você não esteja lá para cobrar dela, porque ela se sente compreendida e sabe que o ponto de vista dela pela situação também foi levado em conta.

Tudo isso se explica com base na compreensão da habilidade da criança de ser altruísta, o que já foi comprovado cientificamente. O altruísmo está intimamente ligado à cooperação. Acessar as informações oferecidas pela ciência sobre esse tema abre os nossos olhos para enxergar a criança de uma forma muito diferente da qual estamos acostumados. Warneken e Tomasello (2009) realizaram uma série de estudos para explorar os componentes cognitivos e motivacionais da ajuda na infância. Eles defendem que crianças pequenas são naturalmente altruístas, com base nos estudos conduzidos por eles e por outros autores sobre a propensão de crianças de um ano de idade – momento em que estão apenas começando a adquirir a linguagem e a serem socializadas formalmente – ajudarem os outros instrumentalmente, mesmo sem recompensas externas, o que sugere uma predisposição natural ao altruísmo e à cooperação desde cedo.

Em 2006, Warneken e Tomasello já tinham descoberto que as crianças exibem comportamentos de ajuda espontâneos e não recompensados quando uma outra pessoa é incapaz de atingir seu objetivo (mas executam esses comportamentos com muito menos frequência em condições de controle em que nenhuma ajuda é necessária). Nos testes realizados no estudo, bebês de 18 meses exibiram comportamentos de ajuda espontâneos, ou seja, agiram sem serem explicitamente solicitados a ajudar e nunca foram recompensados ou elogiados por seu esforço. A ajuda espontânea dos bebês foi observada em diversas situações, como: os bebês entregaram objetos fora do alcance do adulto, completaram uma ação após a tentativa fracassada do adulto de empilhar livros, abriram a porta de um armário para o adulto e atingiram o objetivo do adulto por meios diferentes, acessando uma caixa levantando uma das abas, em vez de usar o meio errado que o adulto estava usando.

Posteriormente, em 2007, os mesmos pesquisadores testaram bebês ainda mais novos em várias dessas tarefas descritas e descobriram que bebês de 14 meses também ajudam em algumas circunstâncias. Warneken e Tomasello sugeriram que a disposição dos bebês para ajudar pode ser influenciada pela complexidade cognitiva das tarefas. Assim sendo, eles ajudam mais prontamente em situações com metas claras e diretas, mas podem não entender ou responder apropriadamente em contextos mais complicados. Por exemplo, podem ajudar uma pessoa que está tentando alcançar um objeto, mas falham em ajudar em situações com objetivos presumivelmente mais complexos e tipos de intervenção mais complexos. É incrível sabermos que mesmo bebês tão novos, com 14 meses, são capazes de colaborar espontaneamente em situações em que são capazes de determinar o objetivo da outra pessoa.

Como podemos utilizar esses achados científicos nas nossas práticas parentais? Em primeiro lugar, acreditando que as crianças são mais propensas e capazes de ajudar do que nós vínhamos supondo, porque frequentemente fazemos essa suposição contrária com base em experiências pessoais nas quais tentamos a colaboração da criança e não obtivemos. Depois, podemos estar mais atentos na nossa comunicação com as crianças. Deixamos os nossos objetivos claros? O objetivo da ajuda é apresentado para a criança de forma óbvia e em situações cognitivamente menos exigentes? Ou cobramos a cooperação delas em situações em que os objetivos não estão claros e exigem habilidades cognitivas mais complexas, além da fase de desenvolvimento delas?

Seguindo nessa linha de raciocínio, é comum que muitos pais ofereçam recompensas (financeiras e materiais) para que as crianças cooperem em tarefas que desejam e consideram importantes, mas que acreditam que, sem a recompensa, a criança não realizaria. É interessante porque Warneken e Tomasello (2007), em um experimento, compararam diretamente se crianças de 18 meses são motivadas pelo objetivo da outra pessoa ou por um benefício imediato para si mesmas. Houve variação se a pessoa ajudada ofereceria ou não uma recompensa em troca do esforço da criança. E, vejam só, recompensar não foi necessário nem aumentou a taxa de ajuda nesse experimento. De acordo com os autores, o que determinava o auxílio das crianças era o objetivo não cumprido do outro, não um benefício imediato para si mesmas.

Warneken e Tomasello, em seu artigo de 2009, relatam que esses achados sobre altruísmo e recompensas sugerem a possibilidade de que crianças pequenas tenham uma motivação intrínseca para agir de forma altruísta. Os mesmos autores, em experimento posterior àquele de 2007, realizado com crianças de 20 meses, descobriram que as crianças que receberam uma recompensa material por ajudar em um momento anterior eram menos propensas a se envolver em mais ajuda que as crianças que não receberam tal recompensa (Warneken e Tomasello, 2008). Isso reforça ainda mais a hipótese de que a ajuda das crianças é incentivada por uma motivação intrínseca (Warneken e Tomasello, 2009).

Incrivelmente, esses estudos estão muito alinhados com o entendimento que temos na educação com respeito de que precisamos incentivar a motivação intrínseca nas crianças e não a motivação extrínseca: "Faço porque aprendo, porque isso é importante para mim mesmo e para o meu redor, porque me sinto bem ajudando o outro etc.". Não o oposto: "Faço porque o outro me recompensa, faço porque vou ser importante para o outro e dependo dessa aprovação externa". Percebe a diferença? Inclusive Warneken e Tomasello (2009) relataram que, no seu estudo, as recompensas extrínsecas pareceram minar a motivação intrínseca para ajudar.

Por meio das recompensas, a criança aprende que, para fazer alguma coisa, é preciso primeiro receber. Tentar modificar o comportamento da criança usando trocas acaba não sendo saudável nem para os adultos, nem para a criança. E aqui eu incluo nas recompensas aqueles quadros de incentivo, sabe? Quadros de incentivo com reações do adulto, que coloca uma estrelinha ou uma carinha de feliz, por exemplo, quando a criança se comporta como o esperado. Esse é mais um exemplo no qual estamos tentando encorajar a criança por uma motivação externa e que pode até modificar e incentivar comportamentos em curto prazo, mas, no longo prazo, não contribuem para o desenvolvimento de habilidades como autorresponsabilidade e o desenvolvimento sequencial do próprio altruísmo, como vimos.

O assunto não acaba por aqui. Aproveito ainda para acrescentar uma pesquisa muito interessante de pesquisadores alemães (Hoffmann et al., 2021) que produziram um artigo científico sobre como o desenvolvimento da arquitetura cerebral explica as mudanças no comportamento de ajuda altruísta das crianças. Em sua pesquisa, eles descobriram que a clareza emocional é o único mecanismo que prevê a ajuda altruísta durante a infância (em crianças de 6 a 12 anos). Para os autores, esse achado oferece novas evidências de que a clareza emocional desempenha um papel crucial no desenvolvimento da motivação por ajudar de forma verdadeira nesse período da infância. Esse estudo científico esclarece que a clareza emocional é a capacidade de identificar, nomear e caracterizar de maneira assertiva as próprias emoções, e pode permitir que as crianças avaliem rápida e eficientemente seu próprio estado emocional negativo em relação ao sofrimento, à necessidade de outra pessoa. Esse mecanismo de autoconhecimento potencialmente permite uma regulação emocional mais adaptativa e uma prontidão crescente para comportamentos motivados pelo altruísmo.

Não é incrível que esse estudo tão atual também esteja alinhado com tudo que você já leu neste livro sobre a importância de cuidar, validar e acolher as emoções dos nossos filhos? Educação com respeito não é achismo nem modinha, como tantos pensam. Por isso fiz tanta questão de me debruçar sobre tantos estudos científicos de qualidade para apresentar dados e informações que são base e suporte tanto para os princípios quanto para as práticas positivas da educação com respeito.

Entendo que, ao tomar consciência dessas expectativas e reações que vínhamos tendo com nossos filhos e que não trazem aprendizados positivos para eles, vamos abrindo espaço para lidar com os desafios com as crianças de forma diferente. No entanto, é muito provável que continuemos nos sentindo frustrados e até tenhamos raiva quando eles não nos atenderem ou se manifestarem, porque esses sentimentos são naturais. A diferença é que, agora, de forma mais consciente, não mais queremos silenciar as crianças e suas manifestações. Abraçamos a raiva dentro de nós e nos recordamos: nossos filhos precisam desse espaço. E, se essa tarefa é desafiadora, vamos viver um dia de cada vez. Acolhendo nossos sentimentos e acolhendo nossos filhos.

Há, ainda, algumas possibilidades para seguir o caminho de respeito com a criança, incentivando a sua cooperação.

- *Compreender o sentimento ou a necessidade da criança no momento do pedido.* Se ela não quer fazer algo num determinado momento, o que ela pode estar sentindo ou precisando? Frustração, cansaço, irritação, desejo de continuar brincando...

- *Mostrar empatia por ela, mesmo que não seja possível atendê-la naquele momento.* "Entendo que você está frustrado porque tem que parar de brincar para organizar o seu material escolar, eu me coloco no seu lugar" – isso é empatia. "Compreendo como você se sente, mas é necessário para você se organizar e ter um dia melhor na escola." Cooperação não tem a ver com permissividade. Podemos, inclusive, mostrar para a criança que também já nos sentimos assim: "Muitas vezes, também me sinto frustrado quando tenho que interromper uma coisa que eu gosto tanto de fazer para organizar as coisas da casa". Podemos e devemos compartilhar nossos sentimentos e percepções para a criança, somos humanos.
- *Convidar a criança a pensar em uma solução para a situação junto a você.* "Tem alguma ideia de como a gente pode resolver esse problema ou como evitar esse problema no futuro?" Se for difícil para a criança responder, ofereça algumas sugestões para chegarem a um consenso e equilíbrio dos desejos e necessidades de todos.

Envolver a criança no processo de resolução de problemas e de tomada de decisão é um modo de trabalhar a cooperação. Quando a nossa postura se torna completamente diferente, a resposta da criança diante dessas situações possivelmente também muda.

Como a educação com respeito impactou a minha vida

Minha filha estava com 2 anos e nós às vezes a colocávamos de castigo, e isso não adiantava. Quando saía, ela fazia a mesma coisa, e além disso eu me sentia supermal! O pai estava querendo piorar os castigos, mas eu vi que tinha algo errado, não era o caminho que eu queria seguir. Foi quando te conheci, fiz seu curso gratuito e tive certeza de que era a linha que eu queria seguir na educação da minha filha. Então tudo mudou, ela ficou bem mais colaborativa. O pai também imediatamente percebeu que esse caminho era melhor, que nós nos sentíamos melhor ouvindo e acolhendo do que colocando de castigo. Ainda às vezes ameaço e falo alto, infelizmente, porque é uma mudança muito difícil, é lutar contra quem eu sempre fui e hoje sei que não quero ser. Mas ela agora com 6 anos já verbaliza que não gosta quando falo brava, peço desculpas e seguimos nesse lindo caminho que é educar, um dia de cada vez...

Acredite que a criança é capaz

Às vezes, pode ser difícil confiar que as crianças são capazes de trazer soluções respeitosas, de cooperar, de resolver um problema em conjunto com outras crianças ou com os adultos. Alguns pais se agarram ao círculo vicioso do pessimismo e à ausência de confiança nos próprios filhos: "ah, mas o meu filho nunca vai fazer isso", "o meu filho não vai ser capaz", "eu acho que uma criança pequena não entende". Veja só, podemos ficar na dúvida, entendo que tudo isso é muito novo para nós. As crianças são muito, mas muito mais capazes do que acreditamos e do que sabemos. Convido você a confiar e acreditar que sua criança é um ser potente, inteligente, esperto, capaz, altruísta, cooperativo, envolvido, engajado em trazer soluções.

Como você se sente confiando no seu filho? Como você acha que ele se sente ao perceber que você confia nele? Confiança é a base para todas as nossas relações.

Você lembra se, na sua infância, alguém alguma vez disse: "Deixa eu ver se eu realmente posso confiar em você"? Preste atenção nessa frase. Como pode ser que uma criança precise provar para o adulto que ele pode confiar nela? Essa noção equivocada de confiança é de um desrespeito gigantesco com o relacionamento que estamos estabelecendo com a criança. A criança não nos deve confiança. Somos nós que devemos confiança a ela. Se alguém nesse relacionamento precisa provar que é confiável, esse alguém somos nós. Somos nós que precisamos diariamente mostrar para a criança que ela pode confiar em nós. Que ela é aceita, amada e importante. Que ela pode confiar na nossa presença, na nossa disponibilidade emocional, na nossa capacidade de amá-la. Somos nós que precisamos provar para a criança que ela pode confiar, pode contar com a gente e pode ser quem realmente é e seguiremos amando-a.

Não peça a sua criança para provar que você pode confiar nela. Simplesmente confie. Não duvide dela. Não duvide das capacidades dela. Não duvide que ela é boa na sua essência. Quando duvidar de uma criança, seja porque ela traz um comportamento desafiador ou porque, algum dia, alguém duvidou de você e você acha isso "normal", lembre-se de que você é o adulto. Lembre-se de que comportamentos desafiadores não são quem os nossos filhos são. São apenas comportamentos. Lembre-se de que a criança constrói a visão de si mesma com base em como a vemos. Ninguém cresce confiante duvidando de si mesmo. Confie. Quando demonstramos confiança nos nossos filhos, eles entendem que podem confiar em si mesmos e desenvolvem autoconfiança, autossegurança e coragem.

Como a educação com respeito impactou a minha vida

[A educação com respeito] Me ajudou a aceitar. Aceitar minha filha como ela é, mesmo que não seja do jeito que eu idealizei ou do jeito que eu gostaria que ela fosse. Aceitar com amor é mais fácil, foi o que me ajudou a aceitar outras pessoas ou a ser mais tolerante e empática do que antes.

Se você não faria com um adulto, não faça com uma criança

A criança, assim como eu e você, tem direito ao respeito e à dignidade. Porém, infelizmente, existem muitas coisas que fazemos com as crianças que jamais seríamos capazes de fazer com os adultos, pois com eles percebemos o tamanho do desrespeito. As pessoas me falam: "Mari, eu não sei como agir nessa situação, eu fico na dúvida se devo fazer isso ou aquilo com a criança, o que você acha?". Eu costumo dizer: "Você faria isso com um adulto? Porque, se a sua resposta for não, então por que você faria com uma criança?". Só pelo fato de ela ser criança? Ora, o respeito é uma via de mão dupla, não podemos nos esquecer disso. Nosso relacionamento com as crianças deve ser exemplo de afeto e de respeito para elas. Nosso relacionamento com as crianças deve ser a base para que elas aprendam como é se relacionar de forma saudável e gentil com os outros. O relacionamento com os pais fundamenta os relacionamentos futuros da criança. Vivemos com as crianças numa relação de ser humano para ser humano, mas alguns pais exigem que o respeito venha somente da criança para o adulto: "A criança tem que me respeitar!". Mas ela é respeitada? Só se aprende a respeitar sendo respeitado, e não o contrário.

Como a educação com respeito impactou a minha vida

A educação com respeito me trouxe a autoeducação e me mostrou que a criança não é um problema a ser resolvido! Me mostrou que adultos têm expectativas irreais e que as nossas dores de infância voltarão na dinâmica com a nossa criança e, por isso, a necessidade de buscarmos autoconhecimento e autoeducação para educarmos nossos filhos.

Me fez enxergar o bebê/criança como um indivíduo de fato. Sempre me pergunto: eu faria isso com um adulto? É um exercício constante, já que nasci no final da década de 80, quando criança apanhava, criança não tinha desejos, criança tomava conta de outra criança... é uma quebra de paradigmas!

Experimente encorajar: como estimular a força interna da criança

Não é que não devemos elogiar nossos filhos... pelo contrário, podemos e é incrivelmente amoroso elogiar. Precisamos, porém, nos atentar a um pequeno cuidado que faz toda a diferença: estamos elogiando e incentivando a criança a desenvolver autoestima e autoaceitação ou estamos elogiando e incentivando a necessidade de aprovação externa?

Talvez você nunca tenha pensado ou sido alertado sobre isso antes. Tudo bem. Não quero que você sinta culpa por nunca ter pensado nisso. Ao contrário, quero que você reflita e inclua no elogio o incentivo à autoestima e à autoaceitação da criança. Isso significa, basicamente, pensar: "Eu uso os elogios para ajudar a criança a criar essa força interna do seu autovalor e da sua própria percepção positiva? Ou simplesmente falo o que acho e não trago a pergunta de volta para ela?". Podemos buscar essa prática sem, obviamente, perder a nossa espontaneidade, que tal?

Veja alguns exemplos de encorajamento com foco na criança:

- *Eu achei lindo! E você, o que achou?*

- *Estou orgulhosa de você! Como você se sentiu fazendo isso? Você também deve estar orgulhoso!*

Quantos de nós passamos a vida buscando aprovação externa e não sabemos encontrar um recurso interno que nos mostre a autoaprovação, não é mesmo? Não seria legal incentivar as crianças a desenvolverem essa habilidade emocional?

Tenho que deixar meu filho escolher tudo?

Oferecer escolhas pode parecer muito difícil para quem quase nunca teve a oportunidade de escolher na vida, ou mesmo para quem sempre teve alguém para dizer o que era certo ou errado. De fato, pode ser bem desafiador para as pessoas que tiveram uma infância muito rígida oferecer escolhas para as crianças.

Essa questão das escolhas é mais simples do que pode parecer. Não há problema em deixar a criança escolher coisas que fazem parte do universo dela e que não vão prejudicá-la ou prejudicar o outro, ou o ambiente. Tem tantas coisas do dia a dia que poderíamos deixar as crianças escolher, mas não deixamos porque nós, adultos, sempre tentamos estar no controle de tudo. Pare um pouquinho e experimente falar com a criança: "Eu confio em você e sei que é capaz de fazer uma boa escolha". E é preciso realmente confiar, pois, às vezes, queremos fazer algo com as crianças só porque estamos lendo um livro que sugere que isso pode ser bom para elas, mas nosso coração deve estar realmente aberto, disponível para aceitar as escolhas da criança.

Permitir que as crianças façam escolhas dentro dos limites saudáveis para elas apoia o desenvolvimento de habilidades como a resolução de problemas. Imagine que, no futuro, elas precisarão tomar decisões diante de diversas situações e, se sempre temos alguém dizendo o que fazer e como fazer, com todos os detalhes, ou até mesmo sempre fazendo escolhas por nós, como vamos conquistar essa autonomia e esse senso de autoconfiança? Quando a criança escolhe e percebe que damos a ela essas oportunidades, ela vai se sentindo autoconfiante diante das próprias escolhas e confiando que é capaz.

Veja alguns exemplos de situações em que as crianças podem ser incentivadas a fazer escolhas tendo a mediação e o apoio dos adultos:

- Escolher quais atividades gostaria de fazer durante o tempo livre, como brincar, ler livros, desenhar, ir à praça ou praticar esportes.
- Decidir o que quer comer em uma refeição dentro das opções saudáveis oferecidas pelos adultos.
- Escolher a decoração do próprio quarto, como a cor das paredes, itens de decoração e roupas de cama.
- Decidir sobre o horário de estudo ou dever de casa, dentro de um cronograma planejado com os adultos.

- Escolher as próprias roupas e acessórios pessoais dentro de opções que estejam relacionadas ao clima e à temperatura do dia, de acordo com os combinados estabelecidos com os adultos.

Outro aspecto importante sobre essa questão é que, se estamos no comando e no controle de todas as coisas o tempo todo, é provável que a vida das crianças reflita muito mais quem nós somos do que elas mesmas. No entanto, ao ter a oportunidade de escolher, pode ser que as crianças façam escolhas diferentes das nossas, desde as mais simples (como a escolha de um brinquedo que quer levar para a praça) às mais complexas (como o horário de fazer o dever de casa), e isso é muito importante para elas.

É necessário oferecer liberdade para as crianças discordarem de nós e comunicarem seus desejos, mesmo quando, em determinado momento, não seja possível deixá-las escolher (por exemplo, se a criança não quiser tomar um medicamento necessário ou fazer algum procedimento de cuidados pessoais, higiene ou saúde que não dá para deixar para depois ou que não dá para deixar de fazer). Nesses momentos, é preciso acolher esse discordar, validar a necessidade, o desejo ou o não desejo da criança. Validar não significa aceitar. Como adultos, devemos saber avaliar até onde é possível, saudável e respeitoso com a própria criança, e com os outros ao redor, fazer o que ela gostaria.

Como lidar com respeito quando a criança me bate?

Sei que, quando a criança bate, a nossa cabeça dá um nó, principalmente se nunca tivermos feito isso com ela. Até porque, quando um adulto bate na criança, ela entende que pode bater também. É como um espelho! Mas... e as crianças que não recebem esse modelo? Por que elas batem? Vamos, primeiro, ao que não significa: isso não significa que a criança passará o resto da vida batendo nos adultos, que ela não tem respeito por você, que você é um pai ou uma mãe ruim. Não estou dizendo, de maneira alguma, que não devemos dar a devida importância, mas a maneira como olhamos para esse ato da criança faz muita diferença na nossa relação. Mais uma vez, nosso papel é trazer o limite de uma maneira gentil e firme ao mesmo tempo, ser margem, cuidando para que a criança não se machuque e não machuque outra pessoa. Para agir assim, precisamos entender mais sobre a criança.

A criança está se expressando de uma maneira corporal porque ainda não tem recursos verbais, linguísticos e orais que sustentem a sua comunicação, principalmente ao sentir emoções mais intensas, como raiva, frustração, contrariedade e tristeza. A criança encontra, então, no próprio corpo, um meio de comunicar aquilo que está sentindo necessidade. Ela quer nos dizer: "não gostei, estou chateada, triste, com raiva, decepcionada...". Entendo que, na hora, é praticamente impossível não sentir nada e não há problema em sentirmos nossas emoções também. Contudo, é entendendo esse comportamento pela perspectiva do desenvolvimento infantil que vamos, pelo menos, tentar não levar para o lado pessoal e não entender como um ataque pessoal, mas sim como algo que faz parte de processos físicos, cognitivos, de linguagem e emocionais. Assim, começamos a dar passos em direção a maneiras de lidar com isso de forma saudável, sem perder o respeito por nós mesmos e pela criança.

Nós somos os principais modelos das crianças e, se desejamos que elas tenham autocontrole, precisamos buscar o nosso. Se desejamos que elas nos respeitem, precisamos respeitá-las. Se desejamos que elas saibam lidar com as próprias emoções, precisamos buscar lidar com as nossas.

Eu sempre explico as coisas ao meu filho com respeito, mas ele continua tendo uma atitude desrespeitosa.

Aprendemos, na educação violenta e opressora, que a criança precisa responder às nossas demandas quase que instantaneamente. Aprendemos que precisamos fazer algo para mudar o comportamento dela imediatamente. Não é à toa que as estratégias desrespeitosas fazem um certo "sucesso", pois elas provocam reações e mudanças de comportamento em curto prazo. E aí é que precisamos nos questionar! É isso mesmo que eu quero? Quero mudanças de comportamento imediatas ou quero aprendizados? Quero reações que simplesmente sejam o que eu espero, na hora que eu espero, ou quero comportamentos que refletem maturidade, compreensão e cooperação mútua?

Sempre que se vir nesse questionamento, reflita por que você está buscando educar com respeito. Educar com respeito não é moeda de troca. Não educamos com respeito para termos filhos perfeitos e obedientes. Educamos com respeito por um motivo bem simples: porque todo ser humano merece respeito. As crianças são seres em aprendizado constante e, se a criança ainda não aprendeu o que você está ensinando, pode ser por dois motivos:

- Ela ainda está no processo de amadurecimento e precisa daquele comportamento para aprender sobre si mesma e sobre os outros.
- Você ainda precisa desse desafio para crescer, aprender e evoluir como mãe/pai.

Acolha esse processo e não deixe o imediatismo da educação violenta pegar você de novo. Confie no trabalho que está realizando porque ele tem, sim, efeitos a curto, médio e longo prazos. Confie nos seus filhos! Mais importante que o resultado é o processo. E, na educação com respeito, não estamos buscando a perfeição nem para o adulto nem para a criança. Valorize e celebre os momentos de esforço, tanto seus, enquanto adulto, quanto da criança.

Como a educação com respeito impactou a minha vida

A educação com respeito veio em um momento em que estava na casa dos meus pais, que demandavam uma educação tradicional do meu filho de um ano, grávida da minha filha e aprendendo a ser mãe. Me resgatou e deu segurança para acreditar no que eu sentia. Sou psiquiatra, entusiasta e estudiosa da psicanálise e não conseguia nem queria deixar de ver e querer escutar o meu filho. A educação com respeito me deu as ferramentas para poder conviver e ajudá-lo a se tornar um garoto mais maravilhoso e forte a cada dia, e receber minha filha, que é totalmente

> fogo, de uma forma serena, aceitando os momentos explosivos dela como momentos em que eu sou importante para ajudá-la a aprender a lidar com todas as emoções e energias que nos tomam em alguns momentos. Ainda tenho MUITO a aprender, mas sou eternamente grata pela oportunidade de permitir que meus filhos sejam eles e poder acompanhar esse processo MARAVILHOSO sem tanta culpa (porque toda mãe, por mais que seja analisada e estude, sente culpa, né?!). Quero agradecer porque foi em um encontro com você que fui apresentada a esse mundo.

CAPÍTULO 6

Crianças não precisam de pais perfeitos, precisam de pais emocionalmente honestos

Educar com respeito e afeto é uma escolha diária. Todos os dias, precisamos nos levantar da cama e lembrar por que estamos escolhendo esse caminho. Tudo que passamos no dia a dia vai interferir no processo de educar com respeito. Muitas vezes, não conseguiremos ir pelo caminho do meio por conta do nosso cansaço, da correria e das preocupações, ainda que façamos esse propósito diário. É um caminho cheio de altos e baixos, como a própria vida.

Somos humanos, vamos errar, vamos falhar. Nossa busca como pais não deve ser por perfeição, mas sim por consciência e atenção, pois quando estamos mais conscientes e atentos, estamos mais presentes. Dessa maneira, se "erramos" ou acabamos fazendo algo indesejado com os nossos filhos, refletimos, ponderamos, tentamos fazer diferente da próxima vez, evoluindo um pouquinho mais. Entenda que, se não estivéssemos conscientes sobre nossos papéis como pais, sobre nossos acertos e nossos erros, as coisas "passariam batido" e estaríamos talvez perdendo a oportunidade de vivenciar essa revolução que é a educação com respeito. Mas quer uma notícia boa? Você já deu o passo mais difícil! Valorize isso, por favor. Não é fácil iniciar o processo de mudança na forma de educar e de nos relacionar com as crianças, não mesmo. Tantos fatores para que isso aconteça nos permeiam. No entanto, você está aqui, está lendo este livro e talvez, mesmo antes de chegar até ele, já busque colocar a educação com respeito em prática.

É importante estarmos conscientes de que, mesmo depois de estar buscando educar com respeito, corremos o risco de sermos punitivos e/ou permissivos com os nossos filhos porque, obviamente, estamos sujeitos a isso. Faz parte do processo que estamos vivendo como pais. Então, quero que fique bem claro para você: crianças não precisam de perfeição, mas sim da nossa honestidade emocional. Elas precisam que busquemos nos conhecer para lidar com elas. Não adianta saber um monte de ferramentas, técnicas ou o que falar igual ao exemplo que lemos ou vimos. Não adianta querer uma resposta pronta se não soubermos primeiro lidar com as nossas emoções e com as nossas ações. Educar com respeito nos pede consciência, e isso é bem diferente de nos sentirmos no poço da culpa materna ou paterna. Não deixe que seus possíveis e humanos erros, daqui para a frente, te impeçam de buscar esse caminho da educação com respeito. Use a sua consciência sobre seus limites, desafios e percursos para novos impulsos, novos cuidados, novas buscas dentro da parentalidade no caminho da educação com respeito.

Quando reparamos os nossos erros diante dos nossos filhos, quando pedimos desculpas e conversamos sobre nossas vulnerabilidades, mostramos a eles a nossa humanidade. É como se disséssemos: "Eu não sou perfeita, eu não sou inalcançável, eu não sou uma idealização, eu sou real como você, somos iguais". Esse ensinamento é muito, muito importante! Se todos nós tivéssemos a oportunidade de, durante a nossa infância, aprender como podemos reparar nossos erros por meio do exemplo dos nossos pais, talvez hoje sofreríamos menos com a culpa, com o perfeccionismo, com a nossa idealização de sermos figuras maternas e paternas que só acertam.

Acredito ser interessante trazer o resultado de um estudo (Ma et al., 2018) que examinou a relação entre desculpas e a reparação da confiança após um ato de desrespeito entre crianças de 9 e 11 anos. As crianças que receberam desculpas dos colegas após um ato desrespeitoso demonstraram comportamentos mais confiáveis e emoções mais positivas em comparação com as que não receberam desculpas. Os autores desse estudo sugeriram que esses resultados sinalizam a possibilidade de que, para as crianças, as desculpas reparam de forma mais eficaz a sensação de confiança que foi danificada pelo ato desrespeitoso. Entendo que o estudo não aborda esses aspectos na relação entre pais e filhos, mas certamente nos diz sobre como as crianças tendem a perceber, receber e sentir os pedidos de desculpas.

Há quem ache que pais não podem pedir desculpas aos filhos com o argumento de que isso seria "perder a autoridade" ou "mostrar fraqueza". Esses argumentos se baseiam em perspectivas de parentalidade nas quais os pais devem se apresentar aos filhos de forma emocionalmente distante e vestindo a capa da perfeição. Quando os pais pedem desculpas aos filhos, isso não é apenas importante para o relacionamento entre eles, mas também ensina às crianças importantes lições sobre empatia, confiança e gestão emocional, além de ser exemplo ao mostrar que o comportamento de pedir desculpas contribui positivamente para a reparação de danos nos relacionamentos. Na educação com respeito, lidamos com os erros das crianças com compassividade, com um olhar atento e cuidadoso sobre as experiências e seus aprendizados. Esse é, portanto, um convite para que possamos, como pais, lidar com os nossos próprios erros da mesma forma.

Não invalide as conquistas, mudanças e transformações, tanto as suas, como adulto, quanto as dos seus filhos. Essa nossa revolução é feita um dia de cada vez!

> **Quando imponho uma consequência para a criança, estou ensinando algo?**
>
> Aprendemos e praticamos, por muitos anos, a ideia de impor uma consequência a tudo que a criança faz: "se você não juntar todos os brinquedos, não vai ao parquinho". Juntar todos os brinquedos não tem nada a ver com sair para o parquinho, mas criamos essa consequência a partir da nossa necessidade de fazer com que a criança atenda ao nosso pedido. Com isso, nós, adultos, começamos a inventar determinadas consequências que não dizem, realmente, sobre o ato da criança. E essa é a grande questão das consequências, que são impostas e criadas pelos adultos: não estamos exatamente preocupados em ensinar para a criança, mas em fazê-la ter medo ou desconforto de perder algum privilégio em decorrência de uma "desobediência". Se, naquele momento, me favorece tirar o parquinho, eu uso tirar o parquinho como consequência. Se, em outro momento, me favorece tirar a TV, eu uso tirar a TV como consequência, percebe? A realidade sincera e honesta do aprendizado em si desaparece porque, por trás de tudo, existe o nosso desejo de controlar e fazer a criança atender às nossas expectativas.

> De onde tiramos a ideia absurda de que, para a criança agir melhor, ela precisa antes se sentir pior?
>
> JANE NELSEN

Por que precisamos nos sentir mal para, assim, agirmos melhor? Que motivação temos para fazer diferente da próxima vez quando estamos ajoelhados, cabisbaixos, de olhos fechados, sentados num buraco que abrimos dentro de nós a partir da culpa e da vergonha? Mal nos sentimos capazes de pensar em soluções, já que, por conta da humilhação e do castigo, concluímos facilmente que somos péssimas pessoas. Estou dizendo "nós" porque, antes de ter os nossos filhos, já vivemos essa sensação, seja quando crianças ou na vida adulta, diante de pessoas controladoras e abusivas em seu poder.

Pensando nisso, torna-se mais fácil aprender a lidar com os erros das crianças. No fundo, sabemos exatamente como nossos filhos se sentem quando estão se sentindo culpados. Sabemos o que estão aprendendo sobre eles mesmos quando lidamos com seus erros a partir de punições: "não sou bom o suficiente", "não acerto nunca", "meus pais não me amam", "meus pais não se orgulham de mim", "não sou um bom filho", "não sei fazer as coisas certas".

Quando pensamos: "puxa vida, sou uma pessoa horrível, por que fiz isso errado?", estamos conectados com a culpa e com a vergonha de sermos quem somos. Já quando pensamos: "puxa, sou uma pessoa maravilhosa, mas fiz algo errado", estamos conectados com a responsabilidade sobre aquela escolha/ação. Estamos lidando com os erros das nossas crianças gerando culpa e/ou vergonha ou responsabilidade? Nosso intuito deve ser apoiar a criança a olhar para o seu erro como uma grande oportunidade de aprendizado, para que ela possa lidar verdadeiramente com ele; não por meio de sofrimento, castigo, punição e humilhação, mas pelo autoconhecimento, pela percepção das suas emoções diante do erro, do raciocínio do que poderá ser feito diferente da próxima vez.

Lidar com os erros das crianças sob essa perspectiva que derruba padrões aprendidos durante uma vida inteira não é fácil, mas também não é impossível. Podemos começar praticando conosco, quando erramos. Acolher nossos erros, olhar para eles como oportunidades de aprendizado, focar em soluções são grandes passos para praticarmos essa lógica também com os nossos filhos. Precisamos, pelo menos, nos dar a chance de experimentar e, assim, começar a sentir a leveza de lidar com os erros como humanos que somos.

Como faço para o meu filho cumprir as tarefas no tempo necessário?

Estamos sempre querendo saber como fazer a criança se encaixar no nosso tempo. Sei que, muitas vezes, no nosso dia a dia, pode ser impossível ampliar o tempo, rever e fazer algumas mudanças. No entanto, é justo termos expectativa de que a criança se acelere e esteja preocupada em finalizar uma atividade como nós? Nós, adultos, já temos uma maior dimensão do tempo, começamos uma tarefa sabendo da próxima, mas a criança não vive assim e nem pode, porque ela precisa estar conectada no seu próprio tempo para ir atrás dos seus aprendizados. A cada segundo, a cada minuto, a criança aproveita para se conectar com seus sentidos, perceber as coisas, conhecer o ambiente, observar-se, observar os adultos e brincar – ela precisa de tempo para se dedicar a tudo isso. Nós, adultos, interferimos nesse processo a todo momento; então, vale a pena pensar como podemos ser mais respeitosos com a criança nesse aspecto, quais ajustes podemos fazer na rotina, em nós e na nossa casa, para que o ritmo da criança seja mais respeitado. Quando ajustes não forem possíveis, escolha momentos em que possa dar oportunidade para a criança viver esse tempo naturalmente.

Meu filho não me escuta, o que posso fazer?

Frequentemente, nós, adultos, dizemos que as crianças não nos "escutam", afinal, temos certeza absoluta de que nossa comunicação está sendo suficiente. Contudo, é muito provável que estejamos sempre falando e não proporcionemos a elas a chance de falar. Todos desejam ser escutados, o adulto e a criança. Sentimos que é obrigação da criança nos escutar, mas não nos colocamos na obrigação de escutá-las. Isso porque ainda nos encontramos naquele padrão de nos acharmos mais fortes, poderosos e no controle das coisas, mesmo que de forma inconsciente e por conta do "piloto automático". Quando começamos a nos dar conta de que ouvir uma criança é parte de uma relação de ser humano para ser humano, de um exercício de respeito e dignidade, passamos a colocar a atenção e o foco nos nossos padrões e a buscar formas de agir mais igualitárias e respeitosas com elas.

Você pode separar momentos na rotina para ouvir a criança: vocês podem conversar, por exemplo, sobre "como foi o dia"! Mesmo que a criança ainda não fale, separar um momento para ficar em silêncio, ouvindo e observando seus sons e suas diversas formas de comunicação, é valioso e pode ser um primeiro passo para tornar a escuta ativa e consciente (um novo modelo e padrão de relacionamento).

Outra sugestão é observar se estamos interrompendo a criança com frequência: por exemplo, quando ela está contando algo em um clima amigável ou quando está colocando suas ideias e argumentando. Podemos checar se estamos agindo de uma maneira em que somente "queremos ser ouvidos e ponto" ou se estamos dando espaço para a criança falar. "Eu me importo com o que você tem a dizer. Estou aberto(a) para te ouvir!"

Para finalizar, lembre-se de fazer perguntas. Quando perguntamos algo para a criança, de forma respeitosa e realmente desejando saber a opinião dela, ela se sente muito importante, aceita, amada e pertencente à família. Quando a resposta vier, acolha. Conheça e permita que a criança se expresse no lugar onde mais precisa, em casa (em todos os sentidos dessa palavra). Se for uma resposta não respeitosa ou uma solução que não corresponda ao que você considera aceitável, continue perguntando e lidando com a opinião dela, até que vocês, juntos, encontrem uma solução respeitosa para todos. Expresse-se também, coloque-se, exponha a sua opinião e o seu lado na situação. Faça isso do lugar de adulto que hoje você é, capaz de ouvir e ser ouvido.

Como a educação com respeito impactou a minha vida

Quando conheci seu trabalho estava muito perdida, eu não queria a educação tradicional, mas ainda não sabia qual caminho seguir. Tinha muito medo de ser permissiva, eu tinha muitos medos, medo de não conseguir educar minhas filhas, medo de não estar presente, medo de não saber o que fazer, medo de morrer... eu escutava demais as críticas externas e isso me confundia muito. E dentro eu exigia ser uma mãe ideal e inalcançável, o que me frustrava muito e não me deixava ver o que de bom eu conseguia realizar.

Quando eu te encontrei, eu encontrei o caminho do meio, do respeito por elas e por mim. Passei a deixar a minha intuição me guiar mais do que as ideias que tinha sobre as coisas, dei espaço para que as meninas também me conduzissem, dei espaço para as tentativas e os erros. E hoje eu sou uma mãe muito mais respeitosa comigo, com meus processos, com as minhas filhas, com os processos delas, com meu companheiro e com os processos dele. Ainda sinto culpa, erro e acerto, mas hoje eu entendo e aceito que tudo isso faz parte.

A educação com respeito ainda tem mudado minha relação com os pequenos e comigo mesma. Tenho muito mesmo a aprender e evoluir ainda. Nem tudo consigo pôr em prática, mas estou reconhecendo meus erros e meus gatilhos. Tentando ser uma mãe melhor a cada dia. Mas consigo compreendê-los melhor, ter mais paciência, respeitá-los e conduzir melhor as situações do dia a dia, mostrando para eles que todo mundo erra e que não há problema em expor seus sentimentos. Tem sido difícil, pois vou na contramão de muitas pessoas que convivem conosco, inclusive meu marido, pai deles. Mas não vou desistir.

Ela vem transformando. É um processo. É constante e intenso. Exige paciência, reflexão constantes. O que vejo com maior ênfase é o diálogo livre e sincero, possibilitando ampliar momentos de troca e aprendizado.

CAPÍTULO 7

O que a ciência nos mostra sobre o presente e sobre o futuro de crianças educadas com respeito

Espero que, ao buscar nos relacionarmos com nossos filhos por esse novo olhar do respeito e do afeto, estejamos diante de novos eus, novos pais, novos cuidadores e novos educadores. Neste ponto do livro, acredito que você já não seja mais o mesmo. Desejamos um mundo diferente e, não por acaso, você está aqui. Estamos fazendo uma revolução, a revolução do afeto. Nesse ato revolucionário, somos mais observadores dos nossos filhos e mais conscientes da nossa parentalidade. Entendemos a importância de nos autoeducar, afinal de contas, estudamos tanto para tantas coisas, por que não estudaríamos para a missão mais importante das nossas vidas, não é mesmo? Chegamos até aqui nessa revolução e sabemos que o caminho ainda será longo. Estamos, finalmente, percebendo que educar filhos se trata mais de nós mesmos do que de nossas crianças.

Entendo perfeitamente que, à medida que vamos adentrando esse novo universo, temos dúvidas sobre o que vai acontecer no futuro das crianças filhas dessa revolução. Será que podemos mesmo confiar que o respeito e o afeto são o caminho? Como o mundo fora das nossas casas vai tratar os nossos filhos? Eles vão se adaptar ao mundo que nem sempre vai tratá-los da mesma forma?

A boa notícia é que, para nós, pode parecer novidade pensar em tudo isso, mas para a ciência, não. Há anos, pesquisadores estudam e buscam encontrar respostas para essas nossas perguntas, e, felizmente, nós temos cada vez mais atualizações sobre os benefícios de estabelecer uma relação de respeito e afeto com a criança já no período da infância, depois no período da adolescência e, posteriormente, na vida adulta. Por isso, vou compartilhar com você alguns (existem muitos e muitos – para citar todos, eu precisaria escrever outro livro) dos achados atuais da ciência nesse sentido. Minha intenção é encorajar você, ainda mais, a seguir e a confiar nos benefícios do caminho do respeito com as crianças.

Veja só alguns dos efeitos da educação com respeito já observados durante a infância das crianças que são educadas dessa forma.

Em 2017, foi publicado um artigo científico de meta-análise que examinou a relação entre diferentes dimensões e estilos parentais e problemas externalizantes em crianças e adolescentes. O estudo concluiu que estilos parentais mais democráticos e positivos estão consistentemente associados a menos problemas externalizantes nas crianças (Pinquart, 2017).

Em 2019, foi publicado um artigo científico de um estudo realizado a fim de examinar os efeitos de práticas parentais positivas (nomeadas aqui neste livro e por outros profissionais da área como práticas de educação com respeito) e experiências adversas na infância sobre as habilidades socioemocionais da primeira infância e o desenvolvimento geral (Yamaoka e Bard, 2019). De acordo com os resultados, o número de experiências adversas na infância foi associado tanto a déficits socioemocionais quanto a riscos de atraso no desenvolvimento na primeira infância; no entanto, as práticas parentais positivas demonstraram efeitos protetores robustos, independentemente do número de experiências adversas na infância.

Incrível ver a potência das práticas parentais positivas, não é mesmo? Lembra que, no início do livro, eu trouxe informações sobre o impacto das experiências adversas na infância? São impactos significativos em várias áreas e momentos da vida. Isso nos leva a refletir dentro da nossa potência. É comum e natural que nos preocupemos diante das adversidades da vida que nossos filhos estão ou estarão vivenciando. Talvez não seja possível impedir que eles passem por elas, já que uma parte das experiências adversas na infância se constitui de questões não apenas pessoais, mas também socioeconômicas e de origens heterogêneas. No entanto, com apoio (profissional, familiar e inclusive de políticas públicas), pais que vivem inseridos em realidades vulneráveis a experiências adversas podem ter mais chances de interagir com os filhos por meio de práticas parentais positivas.

Em 2022, o pesquisador Paul Carroll investigou estresse parental, estilo parental e o comportamento adaptativo da criança de acordo com relatos de pais que participaram de um workshop de disciplina positiva por sete semanas. Três meses após o início do programa, os pais foram novamente entrevistados, e os resultados da pesquisa indicam que a participação nos workshops parentais de disciplina positiva foi relacionada a uma diminuição no estilo parental autoritário, redução no estilo parental permissivo e minoração no estresse parental. Também associou-se a um aumento na competência acadêmica da criança e uma atenuação no comportamento de externalização hiperativo das crianças.

Agora veja alguns dos efeitos da educação com respeito observados durante a adolescência e a vida adulta daqueles que, quando crianças, foram educados dessa forma.

Chen et al. (2019) examinaram as associações entre vários aspectos da parentalidade e diversos desfechos de saúde e bem-estar psicossociais, mentais, comportamentais e físicos em adolescentes e jovens adultos. Aproximadamente 5.400 participantes da pesquisa relataram satisfação em relação a amor, apego, comunicação, resolução de conflitos e conexão emocional com os pais com base no relacionamento que tinham com eles na infância. O estudo encontrou associações entre maior satisfação no relacionamento entre pais e filhos e:

- maior bem-estar emocional;
- menor risco de doença mental;
- menor risco de transtornos alimentares;
- menor risco de sobrepeso/obesidade;
- menor uso de maconha.

Já em 2021, Boden et al. exploraram a relação entre ter sido educado com respeito durante a infância e adolescência e o transtorno de uso de álcool na idade adulta. Os resultados destacaram que ter recebido maiores níveis de práticas parentais positivas esteve associado a uma menor incidência de transtornos de uso de álcool na idade adulta.

Ao longo de todos esses anos trabalhando, ouvindo e dialogando com famílias, é muito claro para mim que um dos grandes impulsos para a busca de novos modelos de parentalidade é a preocupação dos pais quanto à influência de suas relações com os filhos na autoestima das crianças e, posteriormente, na adolescência e vida adulta. Embora muitos adultos ainda não saibam dessa relação entre parentalidade e boa autoestima dos filhos de forma teórica, eles sabem na prática – eu poderia até dizer na própria pele, devido às experiências pessoais com familiares de gerações anteriores, especialmente quando estes parecem ter sido violentos ou desrespeitosos – como um fator está conectado a outro.

O estudo de Marshall et al. (2023) sugeriu que a percepção de si mesmo na infância e a autoestima na idade adulta são influenciadas por fatores genéticos e ambientais, e que o estilo parental é um fator ambiental importante tanto para crianças como para adultos. Nesse sentido, acredito que explorar a influência dos estilos parentais no desenvolvimento do afeto positivo (termo associado a sentimentos como felicidade e alegria, que descreve a extensão em que uma pessoa se sente com entusiasmo, ativa e alerta, e que reflete o quanto as experiências emocionais de uma pessoa são agradáveis ou positivas) ou da autoestima durante a infância e a vida adulta é fundamental para incentivar e alertar muitos adultos que ainda não acreditam que o afeto e o respeito constituem o caminho capaz de criar uma nova geração de pessoas emocionalmente mais saudáveis consigo mesmas e com os outros.

Enquanto pesquiso, escrevo e compartilho com você todas essas informações sobre parentalidade e aspectos significativos para o presente e o futuro dos nossos filhos pela perspectiva da ciência, sinto um profundo desejo de compartilhar muito mais. Há na literatura científica uma gama enorme de estudos de diferentes áreas de conhecimento (psicologia, psiquiatria, biologia, neurociência, sociologia, economia, antropologia) que exploram possíveis relações de diversos aspectos parentais concernentes às práticas da educação com respeito (como cuidado, afeto, responsividade, comunicação, sensibilidade) com aspectos da infância, adolescência e vida adulta em uma série de domínios da vida (por exemplo, saúde física e mental, relacionamentos, vida acadêmica, trabalho).

Não nos faltam hipóteses, dados e evidências teóricas, científicas e práticas sobre a educação com respeito. Portanto, quero reforçar mais uma vez que não se trata de achismo, de "mimimi", de uma modinha. Trata-se de um conhecimento profundo e valioso das relações intra e interpessoais. Embora em praticamente todos os estudos científicos de qualquer área saibamos que há pontos delicados e que podem ser criticados, questionados ou mais bem avaliados no futuro, posso afirmar que não há dúvidas de que temos evidências mais do que suficientes que podem respaldar nossa confiança na educação com respeito.

Entendo e acolho dúvidas frequentes e espero honestamente que, apesar de não estar aqui apresentando todas as evidências científicas existentes (o que seria impossível), você esteja recebendo de coração aberto as informações valiosas e potentes que eu trouxe. Espero, com sinceridade, que essas informações deem força, encorajamento e clareza mental para você tentar, experimentar ou continuar no caminho da educação com respeito, principalmente nos momentos mais desafiadores com seus filhos.

Contudo, sabemos que educar com respeito não resolve e não resolverá todos os nossos desafios com a criança, e que toda essa revolução que estamos fazendo não transformará as crianças em seres ultraespeciais, felizes para sempre ou perfeitos. Ninguém é, né? Apesar de todas aquelas e muitas outras evidências sobre os impactos positivos da educação com respeito na vida de uma criança a curto, médio e longo prazos, passando por todas as etapas da vida, não temos controle absoluto nem garantias de questões que podem fugir do nosso alcance. A história de cada pessoa com ela mesma e com os outros é feita de vários recortes e atravessamentos. Sabemos, como pais, que somos responsáveis por partes muito significativas dessa história; então, vamos usar isso a nosso favor. Mas não vamos nos esquecer de que não comandamos tudo e todos.

Que, em primeiro lugar, venha com a prática da educação com respeito a nossa própria transformação. Que ela seja para nós uma revolução de afeto interno. E que, consequentemente, ela venha transformando a nossa relação com as crianças. Estou muito segura em dizer que esse caminho que estamos escolhendo e no qual nos aprofundamos diariamente é muito maior do que podemos conceber, e não tenho dúvidas de que é um caminho que transformará a vida, inclusive, das futuras gerações.

Sonho presenciar os impactos maravilhosos dessa revolução que estamos fazendo hoje. Imagino as minhas e as suas futuras gerações olhando para trás e vendo um mundo de desafeto, violência e desrespeito com as crianças ficando cada vez mais distante. Tenho consciência de que há muitos aspectos sociais e coletivos que impedem e que não facilitam o acesso e a experimentação de práticas de educação com respeito a inúmeras famílias. É por isso que acredito que nós, que temos acesso privilegiado a todas essas informações sobre educação com respeito, temos o dever e a missão de compartilhá-las e colocá-las em prática, assim como de exigir que poderes públicos, em todas as suas instâncias, viabilizem políticas públicas de qualidade que permitam às famílias sujeitas a diversos aspectos de vulnerabilidade viver essa realidade com seus filhos também.

Estamos e seguimos juntos. Obrigada por estar aqui fazendo essa revolução afetuosa comigo. Conto com você para espalhar essa transformação pelo mundo, combinado?

Com carinho,

Mariana Lacerda

Como a educação com respeito impactou a minha vida

Tenho dois meninos, de 4 anos e 1 ano. E, desde que eles nasceram, leio e acompanho pessoas que falam/praticam a educação com respeito, e isso só reforçou como eu gostaria de agir com eles. Tratando com respeito as suas individualidades, sem punição e com muito amor. Hoje já colho frutos dessa escolha. Quando alguém fala para o mais velho que vai me contar alguma coisa que ele tenha feito em tom de ameaça, ele não se amedronta. Quem me conta primeiro é ele. E ele reforça que não precisa ter medo da mamãe e do papai. Ele já sente que somos seu porto seguro, e isso é maravilhoso!

Minha filha já está com 5 anos e hoje percebemos nitidamente como ela tem confiança em nós, nos conta todas as suas novidades e também as frustrações. Sabe dizer o que está sentindo e nomeia esses sentimentos muito bem! Quando precisa, pede um abraço, e está aprendendo a corregular suas emoções... aprendemos ainda mais com ela e vemos hoje o quanto é importante estudarmos sobre o assunto, pois nossas infâncias foram bem tumultuadas e nada respeitosas!

A educação com respeito me ajudou na medida em que constatava que era assim que fazia sentido agir com meus filhos, eles se sentem acolhidos e eu sinto uma conexão cada vez maior na relação. Aumenta a relação de confiança.

Vivemos uma relação harmônica baseada no diálogo e isso nos traz paz e tranquilidade. Como mãe de uma menina de 13 anos, um menino de 11 anos e uma bebê de quase 3 anos, seguimos em parceria nessa jornada do crescimento saudável, leve e respeitoso. Sinto como se atravessássemos uma ponte de mãos dadas e, apesar dos balanços da ponte, estamos sempre confiantes uns nos outros e isso é uma experiência incrível!!!

Referências bibliográficas

ASSINK, M.; SPRUIT, A.; SCHUTS, M. et al. The intergenerational transmission of child maltreatment: a three-level meta-analysis. **Child Abuse & Neglect**, v. 84, p. 131-145, 2018. https://doi.org/10.1016/j.chiabu.2018.07.037.

AUSTIN, A. Association of adverse childhood experiences with life course health and development. **North Carolina Medical Journal**, v. 79, n. 2, p. 99-103, 2018. https://doi.org/10.18043/ncm.79.2.99.

AVEZUM, M.; ALTAFIM, E.; LINHARES, M. Spanking and corporal punishment parenting practices and child development: a systematic review. **Trauma, Violence, & Abuse**, v. 24, p. 3094-3111, 2022. https://doi.org/10.1177/15248380221124243.

BAUMRIND, D. Child care practices anteceding three patterns of preschool behavior. **Genetic Psychology Monographs**, v. 75, p. 43-88, 1967.

BAUMRIND, D. Effects of authoritative parental control on child behavior. **Child Development**, v. 37 n. 4, p. 887--907, 1966.

BELLIS, M. A.; HUGHES, K.; FORD, K. et al. Adverse childhood experiences and sources of childhood resilience: a retrospective study of their combined relationships with child health and educational attendance. **BMC Public Health**, v. 18, p. 792, 2018. https://doi.org/10.1186/s12889-018-5699-8.

BODEN, J.; CROSSIN, R.; COOK, S. et al. Parenting and home environment in childhood and adolescence and alcohol use disorder in adulthood. **Journal of Adolescent Health**, v. 69, n. 2, p. 329-334, 2021. https://doi.org/10.1016/j.jadohealth.2020.12.136.

BOLDT, L. J.; GOFFIN, K. C.; KOCHANSKA, G. The significance of early parent-child attachment for emerging regulation: A longitudinal investigation of processes and mechanisms from toddler age to preadolescence. **Developmental Psychology**, v. 56, n. 3, p. 431-443, 2020. https://doi.org/10.1037/dev0000862.

BOWLBY, J. **A secure base**: parent-child attachment and healthy human development. New York: Basic Books, 1988.

BUCCI, M.; MARQUES, S. S.; OH, D. et al. Toxic stress in children and adolescents. **Advances in Pediatrics**, v. 63, n. 1, p. 403-428, 2016. https://doi.org/10.1016/j.yapd.2016.04.002.

CARROLL, P. Effectiveness of positive discipline parenting program on parenting style, and child adaptive behavior. **Child**

Psychiatry and Human Development, v. 53, n. 6, p. 1349--1358, 2022. https://doi.org/10.1007/s10578-021-01201-x.

CHEN, Y.; HAINES, J.; CHARLTON, B. M. et al. Positive parenting improves multiple aspects of health and well-being in young adulthood. **Nature Human Behaviour**, v. 3, n. 7, p. 684-691, 2019. https://doi.org/10.1038/s41562-019-0602-x.

COMITÊ CIENTÍFICO DO NÚCLEO CIÊNCIA PELA INFÂNCIA. **Funções executivas e desenvolvimento infantil**: habilidades necessárias para a autonomia. Estudo III. São Paulo: Fundação Maria Cecilia Souto Vidigal, 2016.

COMITÊ CIENTÍFICO DO NÚCLEO CIÊNCIA PELA INFÂNCIA. **Prevenção de violência contra crianças**. São Paulo: Fundação Maria Cecilia Souto Vidigal, 2023.

CPREK, S.; WILLIAMS, C.; ASAOLU, I. et al. Three positive parenting practices and their correlation with risk of childhood developmental, social, or behavioral delays: an analysis of the National Survey of Children's Health. **Maternal and Child Health Journal**, v. 19, p. 2403-2411, 2015. https://doi.org/10.1007/s10995-015-1759-1.

CUARTAS, J.; WEISSMAN, D.; SHERIDAN, M. et al. Corporal punishment and elevated neural response to threat in children. **Child Development**, v. 92, n. 3, p. 821-832, 2021. https://doi.org/10.1111/cdev.13565.

CUCINELLA, N.; CANALE, R.; CAVARRETTA, M. et al. Maternal parenting and preschoolers' psychosocial adjustment: A longitudinal study. **International Journal of**

Environmental Research and Public Health, v. 19, n. 21, 2022. https://doi.org/10.3390/ijerph192113750.

DEMAUSE, L. The history of childhood. **The New Psychohistory**. New York: The Psychohistory Press, 1975.

DIAMOND, A. Executive functions. **Annual Review of Psychology**, v. 64, p. 135-168, 2013.

DING, R.; HE, P. Parenting styles and health in mid- and late life: evidence from the China health and retirement longitudinal study. **BMC Geriatrics**, v. 22, n. 1, p. 463, 2022. https://doi.org/10.1186/s12877-022-03157-6.

DUONG, J.; BRADSHAW, C. Links between contexts and middle to late childhood social-emotional development. **American Journal of Community Psychology**, v. 60, p. 538-554, 2017. https://doi.org/10.1002/ajcp.12201.

EASTERBROOKS, M. A.; KATZ, R. C.; KOTAKE, C. et al. Intimate partner violence in the first 2 years of life: implications for toddlers' behavior regulation. **Journal of Interpersonal Violence**, v. 33, n. 7, p. 1192-1214, 2018. https://doi.org/10.1177/0886260515614562.

FELITTI, V. J.; ANDA, R. F.; NORDENBERG, D. et al. Relationship of childhood abuse and household dysfunction to many of the leading causes of death in adults. **American Journal of Preventive Medicine**, v. 14, n. 4, p. 245-258, 1998. https://doi.org/10.1016/S0749-3797(98)00017-8.

FENERCI, R. L. B.; DEPRINCE, A. P. Intergenerational transmission of trauma: maternal trauma-related cognitions and toddler symptoms. **Child Maltreatment**, v. 23, n. 2, p. 126-136, 2018. https://doi.org/10.1177/1077559517737376.

GALANO, M.; STEIN, S.; CLARK, H. et al. Eight-year trajectories of behavior problems and resilience in children exposed to early-life intimate partner violence: the overlapping and distinct effects of individual factors, maternal characteristics, and early intervention. **Development and Psychopathology**, v. 35, n. 2, p. 1-13, 2022. https://doi.org/10.1017/S0954579422000104.

GALINSKY, E. **Mind in the Making:** The Seven Essential Life Skills Every Child Need. Nova York: HarperStudio, 2010.

GARNER, A. S.; SHONKOFF, J. P.; SIEGEL, B. S. et al. Early childhood adversity, toxic stress, and the role of the pediatrician: Translating developmental science into lifelong health. **Pediatrics**, v. 129, n. 1, p. e224-e231, 2012. https://doi.org/10.1542/peds.2011-2662.

GIBSON, C.; CALLANDS, T. A.; MAGRIPLES, U. et al. Intimate partner violence, power, and equity among adolescent parents: Relation to child outcomes and parenting. **Maternal and Child Health Journal**, v. 19, n. 1, p. 188-195, 2015. https://doi.org/10.1007/s10995-014-1509-9.

GILBERT, R.; LACEY, R. Intergenerational transmission of child maltreatment. **The Lancet Public Health**, v. 6,

n. 7, e435-e436, 2021. https://doi.org/10.1016/S2468-2667(21)00076-1.

GILLIGAN, C. **Uma voz diferente:** teoria psicológica e o desenvolvimento feminino. Petrópolis: Vozes, 2021.

GJERDE, L. C.; EILERTSEN, E. M.; REICHBORN-KJENNERUD, T. et al. Maternal perinatal and concurrent depressive symptoms and child behavior problems: a sibling comparison study. **Journal of Child Psychology and Psychiatry and Allied Disciplines**, v. 58, n. 7, p. 779-786, 2017. https://doi.org/10.1111/jcpp.12704.

GONZÁLEZ, C. **Bésame mucho**: como criar seu filho com amor. São Paulo: Timo, 2015.

GROH, A.; FEARON, R.; BAKERMANS-KRANENBURG, M. et al. The significance of attachment security for children's social competence with peers: a meta-analytic study. **Attachment & Human Development**, v. 16, n. 2, p. 103-136, 2014. https://doi.org/10.1080/14616734.2014.883636.

GRUHN, M.; COMPAS, B. Effects of maltreatment on coping and emotion regulation in childhood and adolescence: a meta-analytic review. **Child Abuse & Neglect**, v. 103, p. 104446, 2020. https://doi.org/10.1016/j.chiabu.2020.104446.

HAGERTY, B. M.; LYNCH-SAUER, J.; PATUSKY, K. L. et al. An emerging theory of human relatedness. Image: The **Journal of Nursing Scholarship**, v. 25, n. 4, p. 291-296, 1993. https://doi.org/10.1111/j.1547-5069.1993.tb00262.x.

HAGERTY, B.; LYNCH-SAUER, J.; PATUSKY, K. et al. Sense of belonging: a vital mental health concept. **Archives of Psychiatric Nursing**, v. 6, n. 3, p. 172-177, 1992. https://doi.org/10.1016/0883-9417(92)90028-H.

HAJAL, N.; PALEY, B. Parental emotion and emotion regulation: a critical target of study for research and intervention to promote child emotion socialization. **Developmental Psychology**, v. 56, n. 3, p. 403-417, 2020. https://doi.org/10.1037/dev0000864.

HARMS, M.; LEITZKE, B.; POLLAK, S. Maltreatment and emotional development. In: LOBUE, V.; PÉREZ-EDGAR, K.; BUSS, K. A. (eds.) **Handbook of emotional development**. Springer, Cham, 2019. https://doi.org/10.1007/978-3-030-17332-6_28.

HARPER, B.; NWABUZOR OGBONNAYA, I.; McCULLOUGH, K. C. The effect of intimate partner violence on the psychosocial development of toddlers. **Journal of Interpersonal Violence**, v. 33, n. 16, p. 2512-2536, 2018. https://doi.org/10.1177/0886260516628286.

HOFFMANN, F.; WIESMANN, C.; SINGER, T. et al. Development of functional network architecture explains changes in children's altruistically motivated helping. **Developmental Science**, v. 25, n. 2, e13167, 2021. https://doi.org/10.1111/desc.13167.

HOLODYNSKI, M. The internalization theory of emotions: a cultural historical approach to the development of emotions. **Mind, Culture, and Activity**, v. 20, n. 1, p. 4-38, 2013. https://doi.org/10.1080/10749039.2012.745571.

HORTON, R.; RIDDELL, R.; FLORA, D. et al. Distress regulation in infancy: attachment and temperament in the context of acute pain. **Journal of Developmental & Behavioral Pediatrics**, v. 36, n. 1, p. 35-44, 2015. https://doi.org/10.1097/DBP.0000000000000119.

JAFFEE, S.; BOWES, L.; OUELLET-MORIN, I. et al. Safe, stable, nurturing relationships break the intergenerational cycle of abuse: a prospective nationally representative cohort of children in the United Kingdom. **The Journal of Adolescent Health**, v. 53, n. 4, suppl., p. S4-10, 2013. https://doi.org/10.1016/j.jadohealth.2013.04.007.

JANG, Y.; SUH, Y. Longitudinal effects of parental academic support on academic achievement in Korea: Will you be a companion or a manager in your children's academic support? **International Journal of Environmental Research and Public Health**, v. 18, n. 20, 2021. https://doi.org/10.3390/ijerph182010823.

JIMENEZ, M. E.; WADE, R.; LIN, Y. et al. Adverse experiences in early childhood and kindergarten outcomes. **Pediatrics**, v. 137, n. 2, 2016. https://doi.org/10.1542/peds.2015-1839.

JOHNSON, S. B.; RILEY, A. W.; GRANGER, D. A. et al. The Science of Early Life Toxic Stress for Pediatric Practice and Advocacy. **Pediatrics**, v. 131, n. 2, p. 319-327, 2013. https://doi.org/10.1542/peds.2012-0469.

KIDMAN, R.; PICCOLO, L. R.; KOHLER, H. P. Adverse childhood experiences: prevalence and association with adolescent health in Malawi. **American Journal of Preventive Medicine**, v. 58, n. 2, p. 285-293, 2020. https://doi.org/10.1016/j.amepre.2019.08.028.

KRAUSS, S.; ORTH, U.; ROBINS, R. Family environment and self-esteem development: a longitudinal study from age 10 to 16. **Journal of Personality and Social Psychology**, v. 119, n. 2, p. 457-478, 2020. https://doi.org/10.1037/pspp0000263.

LANSFORD, J.; DEATER-DECKARD, K.; BORNSTEIN, M. et al. Attitudes justifying domestic violence predict endorsement of corporal punishment and physical and psychological aggression towards children: a study in 25 low- and middle-income countries. **The Journal of Pediatrics**, v. 164, n. 5, p. 1208-13, 2014. https://doi.org/10.1016/j.jpeds.2013.11.060.

LI, N.; PENG, J.; LI, Y. Effects and moderators of triple P on the social, emotional, and behavioral problems of children: systematic review and meta-analysis. **Frontiers in Psychology**, v. 12, 2021. https://doi.org/10.3389/fpsyg.2021.709851.

LIU, S.; ZHOU, N.; DONG, S. et al. Maternal childhood emotional abuse predicts Chinese infant behavior problems: examining mediating and moderating processes. **Child**

Abuse and Neglect, v. 88, n. 23, p. 307-316, 2019. https://doi.org/10.1016/j.chiabu.2018.12.006.

LIU, Y.; HUGHES, M.; BAUMBACH, A. Parenting style in childhood and mental health outcomes of caregiving in middle and later adulthood. **Innovation in Aging**, v. 5, n. 1, p. 810, 2021. https://doi.org/10.1093/geroni/igab046.2979.

MA, F.; WYLIE, B.; LUO, X. et al. Apologies repair children's trust: the mediating role of emotions. **Journal of Experimental Child Psychology**, v. 176, p. 1-12, 2018. https://doi.org/10.1016/j.jecp.2018.05.008.

MADIGAN, S.; CYR, C.; EIRICH, R. et al. Testing the cycle of maltreatment hypothesis: Meta-analytic evidence of the intergenerational transmission of child maltreatment. **Development and Psychopathology**, v. 31, n. 1, p. 23-51, 2019. https://doi.org/10.1017/s0954579418001700.

MARGOLIN, G.; RAMOS, M.; TIMMONS, A. et al. Intergenerational transmission of aggression: physiological regulatory processes. **Child Development Perspectives**, v. 10, n. 1, p. 15-21, 2016. https://doi.org/10.1111/CDEP.12156.

MARSHALL, R.; DILALLA, L.; HARBKE, C. et al. Genetic and familial influences on self-perception in early childhood and self-esteem in adulthood: a cross-sectional analysis. **Twin Research and Human Genetics**, v. 26, n. 6, p. 339-352, 2023. https://doi.org/10.1017/thg.2023.44.

MARTINEZ, I.; GARCÍA, F.; VEIGA, F. et al. Parenting styles, internalization of values and self-esteem: a cross-cultural study in Spain, Portugal and Brazil. **International Journal of Environmental Research and Public Health**, v. 17, n. 7, p. 2370, 2020. https://doi.org/10.3390/ijerph17072370.

MASLOW, A. H. **Toward a psychology of being**. Princeton, NJ: D. Van Nostrand Company, 1962.

McDONNELL, C. G.; VALENTINO, K. Intergenerational effects of childhood trauma: Evaluating pathways among maternal ACEs, perinatal depressive symptoms, and infant outcomes. **Child Maltreatment**, v. 21, n. 4, p. 317-326, 2016. https://doi.org/10.1177/1077559516659556.

McKELVEY, L. M.; SELIG, J. P.; WHITESIDE-MANSELL, L. Foundations for screening adverse childhood experiences: Exploring patterns of exposure through infancy and toddlerhood. **Child Abuse and Neglect**, v. 70, p. 112-121, 2017. https://doi.org/10.1016/j.chiabu.2017.06.002.

MEYER, S.; RAIKES, H.; VIRMANI, E. et al. Parent emotion representations and the socialization of emotion regulation in the family. **International Journal of Behavioral Development**, v. 38, n. 2, p. 164-173, 2014. https://doi.org/10.1177/0165025413519014.

MILLER, A. **O drama da criança bem dotada**. São Paulo: Summus Editorial, 2024.

MORRIS, T. T.; NORTHSTONE, K.; HOWE, L. D. Examining the association between early life social adversity and BMI changes in childhood: a life course trajectory analysis.

Pediatric Obesity, v. 11, n. 4, p. 306-312, 2016. https://doi.org/10.1111/ijpo.12063.

NAIR, N.; TAYLOR, Z.; EVICH, C.; JONES, B. Relations of positive parenting, effortful control, and resilience in rural Midwestern Latinx early adolescents. **Children and Youth Services Review**, v. 113, 2020. https://doi.org/10.1016/j.childyouth.2020.105003.

NATIONAL SCIENTIFIC COUNCIL ON THE DEVELOPING CHILD. Connecting the brain to the rest of the body: early childhood development and lifelong health are deeply intertwined. **Center on the Developing Child at Harvard University**, v. 15, p. 1-21, 2020.

NELSON, C. A.; GABARD-DURNAM, L. J. Early adversity and critical periods: neurodevelopmental consequences of violating the expectable environment. **Trends in Neurosciences**, v. 43, n. 3, p. 133-143, 2020. https://doi.org/10.1016/j.tins.2020.01.002.

PACE, G.; LEE, S.; GROGAN-KAYLOR, A. Spanking and young children's socioemotional development in low- and middle-income countries. **Child Abuse & Neglect**, v. 88, p. 84-95, 2018. https://doi.org/10.1016/j.chiabu.2018.11.003.

PEISCH, V.; DALE, C.; PARENT, J. et al. Parent socialization of coping and child emotion regulation abilities: a longitudinal examination. **Family Process**, v. 59, n. 4, p. 1722-1736, 2019. https://doi.org/10.1111/famp.12516.

PENG, B.; HU, N.; YU, H.; XIAO, H.; LUO, J. Parenting style and adolescent mental health: the chain mediating effects of self-esteem and psychological inflexibility. **Frontiers in Psychology**, v. 12, 2021. https://doi.org/10.3389/fpsyg.2021.738170.

PINQUART, M. Associations of parenting dimensions and styles with externalizing problems of children and adolescents: an updated meta-analysis. **Developmental Psychology**, v. 53, n. 5, p. 873-932, 2017. https://doi.org/10.1037/dev0000295.

REBICOVA, M. L.; VESELSKA, Z. D.; HUSAROVA, D. et al. The number of adverse childhood experiences is associated with emotional and behavioral problems among adolescents. **International Journal of Environmental Research and Public Health**, v. 16, n. 13, p. 6-9, 2019. https://doi.org/10.3390/ijerph16132446.

SHENK, C. E.; NOLL, J. G.; PEUGH, J. L. et al. Contamination in the prospective study of child maltreatment and female adolescent health. **Journal of Pediatric Psychology**, v. 41, n. 1, p. 37-45, 2016. https://doi.org/10.1093/jpepsy/jsv017.

SHONKOFF, J. P.; GARNER, A. S.; COMMITTEE ON PSYCHOSOCIAL ASPECTS OF CHILD AND FAMILY HEALTH et al. The lifelong effects of early childhood adversity and toxic stress. **Pediatrics**, v. 129, n. 1, p. e232-e246, 2012. https://doi.org/10.1542/peds.2011-2663.

STRAUS, M. A. **Beating the Devil Out of Them:** Corporal Punishment in American Families and Its Effects on Children. New Brunswick: Transaction, 2001.

TEIXEIRA, S. T. A violência contra crianças e adolescentes ao longo da história. **Revista Observatório Proteca**, v. 1, n. 1, 2022.

VILLAS BOAS, A. C.; DESSEN, M. A. Transmissão intergeracional da violência física contra a criança: um relato de mães. **Psicologia em Estudo**, v. 24, e42647, 2019. https://doi.org/10.4025/psicolestud.v24i0.42647.

VYGOTSKY, L. **A formação social da mente**. São Paulo: Martins Fontes, 2007.

WANG, M.; SHEIKH-KHALIL, S. Does parental involvement matter for student achievement and mental health in high school? **Child Development**, v. 85, n. 2, p. 610-625, 2014. https://doi.org/10.1111/cdev.12153.

WANG, M.; WU, X.; WANG, J. Paternal and maternal harsh parenting and chinese adolescents' social anxiety: the different mediating roles of attachment insecurity with fathers and mothers. **Journal of Interpersonal Violence**, v. 36, p. 9904-9923, 2019. https://doi.org/10.1177/0886260519881531.

WARNEKEN, F.; TOMASELLO, M. Altruistic helping in human infants and young chimpanzees. **Science**, v. 311, n. 5765, p. 1301-1303, 2006. https://doi.org/10.1126/science.1121448.

WARNEKEN, F.; TOMASELLO, M. Extrinsic rewards undermine altruistic tendencies in 20-month-olds. **Developmental Psychology**, v. 44, n. 6, p. 1785-1788, 2008. https://doi.org/10.1037/a0013860.

WARNEKEN, F.; TOMASELLO, M. Helping and cooperation at 14 months of age. **Infancy**, v. 11, n. 3, p. 271-294, 2007. https://doi.org/10.1111/J.1532-7078.2007.TB00227.X.

WARNEKEN, F.; TOMASELLO, M. Varieties of altruism in children and chimpanzees. **Trends in Cognitive Sciences**, v. 13, n. 9, p. 397-402, 2009. https://doi.org/10.1016/j.tics.2009.06.008.

WORLD HEALTH ORGANIZATION, UNITED NATIONS CHILDREN'S FUND, WORLD BANK GROUP. **Nurturing care for early childhood development**: a framework for helping children survive and thrive to transform health and human potential. Geneva: World Health Organization, 2018.

YAMAOKA, Y.; BARD, D. Positive parenting matters in the face of early adversity. **American Journal of Preventive Medicine**, v. 56, n. 4, p. 530-539, 2019. https://doi.org/10.1016/j.amepre.2018.11.018.